Ariel ou la vie de Shelley

Du même auteur aux Éditions Grasset :

Les Discours du docteur O'Grady
Choses nues
Don Juan ou la Vie de Byron
Nouveaux Discours du docteur O'Grady
Ni ange ni bête
L'Instinct du bonheur
Tourguéniev
René ou la Vie de Chateaubriand
Dialogues sur le commandement
Aspects de la biographie
Mes songes que voici
Sentiments et coutumes
Ce que je crois avec les objections faites par quelques lecteurs et les réponses aux objections
Robert et Elisabeth Browning
Les Silences du colonel Bramble

ANDRÉ
MAUROIS

Ariel ou la vie de Shelley

Bernard Grasset
Paris

André Maurois / Ariel ou la vie de Shelley

En écrivant Ariel ou la vie de Shelley *(1923), André Maurois s'affranchissait d'une dette de jeunesse. « Oui, vraiment, il me semblait que raconter cette vie, ce serait un peu me libérer moi-même », déclare-t-il dans* Aspects de la biographie. *Adoptant la forme romanesque, le livre n'en respecte pas moins rigoureusement les faits. Qui était Percy Bysshe Shelley (1792-1822), l'auteur de* Prométhée délivré ? *Un garçon d'une extrême beauté, héritier d'une famille aristocratique du Sussex. Mais surtout un paria, renvoyé d'Oxford pour avoir écrit* Nécessité de l'athéisme. *Ce romantique ne croyait pas au mariage. A vingt-cinq ans, il s'était pourtant marié deux fois. Sa première épouse, Harriett, s'est suicidée. La seconde, Mary, est l'auteur de* Frankenstein. *Exilé en Italie, il y retrouva son ami George Byron, l'autre grand romantique anglais. Mais alors que « Shelley ne se connaît pas dix lecteurs », l'éditeur de Byron recourt à la police pour protéger la maison de son auteur à chaque parution d'un nouveau chant de* Childe Harold... *Shelley, ce météore rattrapé par la mort. La maladie lui a pris sa fille Clara et son fils William. Lui pensait* *prendre la mer – et le feu – sur son petit yacht l'*Ariel. *On retrouvera son corps sur une plage de Viareggio. Dans les poches de son veston, un volume de Keats, un autre de Sophocle. A la façon des Grecs antiques, on brûla son corps sur la plage, sous les yeux de Byron.*

Cette biographie en forme d'éducation sentimentale a quelque chose de conjuratoire. Pour se délivrer de ses démons, André Maurois devait ressusciter Shelley.

André Maurois se nommait en fait Emile Wilhelm Herzog, né le 26 juillet 1885 à Elbeuf en Normandie. Après des études au lycée de Rouen, il poussa jusqu'à la licence de philosophie (Alain avait été son professeur au lycée...). Embauché dans la filature de son père, il ne pense qu'à la littérature. C'est à la « faveur » de la Première Guerre mondiale où il sert comme agent de liaison auprès du corps britannique qu'il deviendra romancier avec les Silences du colonel Bramble *(1917). Ce livre, qui lui valut immédiatement une certaine notoriété, sera suivi de nombreux romans :* les Discours du Docteur O'Grady *(1922),* Bernard Quesnay *(1926), le très fameux* Climats *(1928), un chef-d'œuvre du thème conjugal,* Patapoufs et filifers *(1930),* le Cercle de famille *(1932), sur le conflit des générations,* la Machine à lire les pensées *(1937),* les Mondes impossibles, Récits et nouvelles fantastiques *(1948), etc.*

Elu à l'Académie française dès 1938, il séjourna pendant la guerre aux Etats-Unis et en Afrique du Nord, où il se consacra au journalisme et à des activités de conférencier. Puis, collaborateur de la presse littéraire, il décida de prolonger une carrière de biographe remarquablement entamée par Ariel ou la Vie de Shelley *(1923),* la Vie de Disraeli *(1927) et* René ou la Vie de Chateaubriand *(1938). On lui doit notamment* Don

Juan ou la Vie de Byron *(1952)*, Lélia ou la Vie de George Sand *(1952)*, Olympio ou la Vie de Victor Hugo *(1954)*, les Trois Dumas *(1957)*, Prométhée ou la Vie de Balzac *(1965). Maurois a élevé la biographie au rang d'un art : informations précises, maîtrise du style, empathie avec son sujet. On ne saurait donc lui faire le reproche de ne point s'être oublié avec deux volumes autobiographiques :* Mémoires *(1949) et* Portrait d'un ami qui s'appelait moi *(1959). Cet humaniste, prototype de* l'honnête homme, *présida en compagnie d'Aragon à la rédaction d'une* Histoire parallèle des USA et de l'URSS *(1962)... Ses études* De Proust à Camus *et* De La Bruyère à Proust *(1963) mettent en évidence la finesse de cet écrivain du mot juste, presque musical, grand connaisseur de l'âme humaine. Il s'est éteint le 9 octobre 1967 à Neuilly.*

NOTE
POUR LE LECTEUR BIENVEILLANT

On a souhaité faire, en ce livre, œuvre de romancier bien plutôt que d'historien ou de critique. Sans doute les faits sont vrais et l'on ne s'est permis de prêter à Shelley ni une phrase, ni une pensée qui ne soient indiquées dans les Mémoires de ses amis, dans ses lettres, dans ses poèmes; mais on s'est efforcé d'ordonner ces éléments véritables de manière à produire l'impression de découverte progressive, de croissance naturelle qui semble le propre du roman. Que le lecteur ne cherche donc ici ni érudition, ni révélations, et s'il n'a pas le goût vif des éducations sentimentales, qu'il n'ouvre pas ce petit ouvrage. Ceux qui, curieux d'histoire, désireront confronter ce récit avec d'autres, trouveront à la fin du volume une liste de sources accessibles.

A. M.

So I turn'too the Garden of Love
That so many sweet flowers bore :
And I saw it was filled with graves.

WILLIAM BLAKE

Première partie

I

La méthode du Dr Keate

En 1809, le roi George III d'Angleterre mit à la tête de l'aristocratique collège d'Eton le Dr Keate, petit homme terrible, qui considérait la bastonnade comme une station nécessaire sur le chemin de toute perfection morale, et qui terminait ses sermons en disant : « Soyez charitables, *boys*, ou je vous battrai jusqu'à ce que vous le deveniez. »

Les gentlemen et les riches marchands dont il élevait les fils voyaient sans déplaisir cette pieuse férocité et tenaient pour singulièrement estimable un homme qui avait fouetté presque tous les Premiers ministres, évêques et généraux du pays.

En ce temps-là, toute discipline sévère était approuvée par l'élite. La Révolution française venait de montrer les dangers du libéralisme quand il infecte les classes dirigeantes. L'Angleterre officielle, âme de la Sainte-Alliance, croyait combattre en Napoléon la philosophie couronnée. Elle exigeait de ses écoles publiques une génération sagement hypocrite.

Pour dompter l'ardeur possible des jeunes aristocrates d'Eton, une prudente frivolité organisait leurs études. Après cinq ans d'école, un élève avait lu deux fois Homère, presque tout Virgile, Horace expurgé, et pouvait composer de passables épigrammes latines sur Wellington ou Nelson. Le goût des citations était alors si parfaitement développé chez les jeunes gens de cette classe que Pitt, au Parlement, s'étant interrompu au milieu d'un vers de *L'Enéide*, toute la Chambre, whigs et tories, se leva et termina le vers. Bel exemple de culture homogène. Les sciences étaient facultatives, donc délaissées ; la danse obligatoire. Quant à la religion, Keate jugeait criminel d'en douter, inutile d'en parler. Le docteur redoutait le mysticisme beaucoup plus que l'indifférence. Il admettait les rires en chapelle et faisait assez mal observer le repos du dimanche. Il n'est pas inutile de dire ici, pour faire comprendre le machiavélisme, peut-être inconscient, de cet éducateur, qu'il ne détestait pas qu'on lui mentît un peu. « Signe de respect », disait-il.

Des coutumes assez barbares réglaient les rapports des élèves entre eux. Les « petits » étaient les *fags*, ou esclaves des « grands ». Chaque fag faisait le lit de son suzerain, lui montait le matin l'eau de la pompe, brossait ses vêtements et ses souliers. Toute désobéissance était punie par des supplices convenables. Un enfant écrivait à ses parents, non pour se plaindre, mais pour raconter sa journée : « Rolls, dont je suis le *fag*, avait mis des éperons et voulait me faire sauter un fossé trop large. A chaque dérobade, il m'éperonnait. Naturellement ma cuisse saigne, mes "Poètes Grecs" sont en bouillie, et mon vêtement neuf déchiré. »

La boxe était en honneur. Un combat fut si violent qu'un enfant resta mort sur le plancher. Keate vint voir le cadavre et dit : « Ceci est regrettable, mais je tiens avant tout à ce qu'un élève d'Eton soit prêt à rendre coup pour coup. »

Le but profond et caché du système était de former des caractères durs coulés dans un moule unique. L'indépendance des actions était grande, mais l'originalité des pensées, du costume ou du langage le crime le plus détesté. Un intérêt un peu vif pour des études ou des idées passait pour une affectation insupportable qu'il importait de corriger par la force.

Telle qu'elle était, cette vie était loin de déplaire au plus grand nombre des jeunes Anglais. L'orgueil de participer au maintien des traditions d'une école si ancienne, fondée par un roi et de tous temps voisine et protégée des rois, les payait bien de leurs souffrances. Seules quelques âmes sensibles souffraient longtemps. Par exemple, le jeune Percy Bysshe Shelley, fils d'un très riche propriétaire du Sussex et petit-fils de sir Bysshe Shelley, baronnet, ne semblait pas s'acclimater. Cet enfant d'une extrême beauté, aux yeux bleu vif, aux cheveux blonds bouclés, au teint délicat montrait une inquiétude morale bien extraordinaire chez un homme de son rang et une incroyable tendance à mettre en question les règles du jeu.

Au moment de son arrivée à l'école, les capitaines de sixième année, voyant ce corps frêle, ce visage angélique et ces gestes de fille, avaient imaginé un caractère timide, qui demanderait peu de soins à leur autorité. Ils découvrirent vite que toute menace jetait aussitôt le jeune Shelley dans une résistance passionnée. Une volonté inébranlable, dans un corps trop peu vigoureux pour en appuyer les décrets, le prédestinait à la révolte. Ses yeux, d'une douceur rêveuse à l'état de repos, prenaient sous l'influence de l'enthousiasme ou de l'indignation un éclat presque sauvage. La voix, à l'ordinaire grave et douce, devenait alors stridente et douloureuse.

Son amour des livres, son mépris des jeux, ses cheveux au vent, sa chemise ouverte sur un cou féminin, tout en lui choquait les censeurs chargés de maintenir dans cette petite société l'élégante brutalité dont elle était fière. Ayant jugé, dès son premier jour d'Eton, que la tyrannie exercée sur les *fags* était contraire à la dignité humaine, il avait refusé sèchement de servir, ce qui l'avait mis hors la loi.

On l'appelait « Shelley le fou ». Les plus puissants des inquisiteurs entreprirent son salut par la torture, mais renoncèrent à l'attaquer en combat singulier, le trouvant capable de tout. Il se battait comme une fille, les mains ouvertes, giflant et griffant.

La chasse à Shelley, en meute organisée, devint un des grands jeux d'Eton. Quelques chasseurs découvraient l'être singulier lisant un poème au bord de la rivière et donnaient aussitôt de la voix. Les cheveux au vent, à travers les prairies, les rues de la ville, les cloîtres du collège, Shelley prenait la fuite. Enfin cerné contre un mur, pressé comme un sanglier aux abois, il poussait un cri perçant. A coups de balles trempées dans la boue, le peuple d'élèves le clouait au mur. Une voix criait : « Shelley ! – Shelley ! » reprenait une autre voix. Tous les échos des vieux murs gris renvoyaient des cris de : « Shelley ! » hurlés sur un mode aigu. Un *fag* courtisan tirait les vêtements du supplicié, un autre le pinçait, un troisième s'approchait sans bruit et d'un coup de botte faisait glisser dans la boue le livre que Shelley serrait convulsivement sous son bras. Alors tous les doigts étaient pointés vers la victime, et un nouveau cri de : « Shelley ! Shelley ! Shelley ! » achevait d'ébranler ses nerfs. La crise attendue par les tourmenteurs éclatait enfin, accès de folle fureur qui faisait briller les yeux de l'enfant, pâlir ses joues, trembler tous ses membres.

Fatiguée d'un spectacle monotone, l'école retournait à ses jeux. Shelley relevait ses livres tachés de boue, et, seul, pensif, se dirigeait lentement vers les belles prairies qui bordent la Tamise. Assis sur l'herbe ensoleillée, il regardait glisser la rivière. L'eau courante a, comme la musique, le doux pouvoir de transformer la tristesse en mélancolie. Toutes deux, par la fuite continue de leurs fluides éléments, insinuent doucement dans les âmes la certitude de l'oubli. Les tours massives de Windsor et d'Eton dressaient autour de l'enfant révolté un univers immuable et hostile, mais l'image tremblante des saules l'apaisait par sa fragilité.

Il revenait à ses livres; c'était Diderot, Voltaire, le système de M. d'Holbach. Admirer ces Français détestés par ses maîtres lui paraissait digne de son courage. Un ouvrage qui les résumait : *La Justice politique* de Godwin, était sa lecture favorite. Dans Godwin, tout paraissait simple. Si tous les hommes l'avaient lu, le monde aurait vécu dans un bonheur idyllique. S'ils avaient écouté la voix de la raison, c'est-à-dire de Godwin, deux heures de travail par jour auraient suffi pour les nourrir. L'amour libre aurait remplacé les sottes conventions du mariage. La vraie philosophie aurait pris la place des terreurs superstitieuses. Hélas ! les « préjugés » endurcissaient les cœurs.

Shelley fermait son livre, s'étendait au soleil au milieu des fleurs et méditait sur la misère des hommes. Des bâtiments moyenâgeux de l'école toute proche, le murmure confus des voix de la sottise montait vers ce charmant paysage de bois et de ruisseaux. Autour de lui, dans la calme campagne, aucun visage moqueur ne l'observait. L'enfant laissait enfin couler ses larmes et, serrant avec force ses mains jointes, faisait à haute voix cet étrange serment : « Je jure d'être sage, juste et libre, autant qu'il sera en mon pouvoir. Je jure de ne pas me faire complice, même par mon silence, des égoïstes et des puissants. Je jure de consacrer ma vie à la beauté... »

Si le Dr Keate avait pu être témoin d'un accès d'ardeur religieuse si regrettable dans une maison bien tenue, il eût certainement traité le cas par sa méthode favorite.

II

La maison

Aux vacances, l'esclave réfractaire devenait prince héritier. Mr. Timothy Shelley, son père, possédait le manoir de Field-Place en Sussex, longue maison blanche, bien construite, entourée d'un parc et de grandes forêts. Là Shelley retrouvait ses quatre sœurs, toutes jolies, un petit frère de trois ans auquel il apprenait à crier « Diable ! » pour scandaliser les dévots, et sa belle cousine Harriet qui, disaient les gens, lui ressemblait.

Le chef et ancêtre de la famille, sir Bysshe Shelley, habitait dans le village. C'était un gentilhomme de la vieille école anglaise, qui se glorifiait d'être riche comme un duc et de vivre comme un braconnier. Haut de six pieds, imposant, très beau de visage, sir Bysshe avait l'esprit vif et cynique. Les Shelley tenaient de lui leurs yeux bleus et brillants.

Il avait dépensé quatre-vingt mille livres sterling pour se bâtir un château qu'il n'habitait pas, à cause de l'entretien, et logeait dans un petit cottage avec un seul domestique. Il passait ses journées dans la taverne du village, vêtu comme un paysan, à parler politique avec les voyageurs. D'Amérique il avait rapporté une sorte d'humour brutal qui terrifiait ces Anglais bons enfants. Deux de ses filles avaient été si malheureuses chez lui qu'elles s'étaient enfuies : excellent prétexte pour ne pas leur donner de dot. Son seul désir était d'arrondir une fortune déjà immense et de la transmettre intacte à de nombreuses générations de Shelley. Dans ce but il en avait constitué une grande partie en un majorat inaliénable dont Percy devait hériter, à l'exclusion totale de ses frères et sœurs. Considérant son petit-fils comme le support nécessaire de son ambition posthume, il avait pour lui une certaine affection. Quant à son fils Timothy, qui faisait des phrases, il le méprisait.

Mr. Timothy Shelley, membre du Parlement, était, comme son père, grand et bien fait, très blond, très imposant. Il avait meilleur cœur que sir Bysshe, mais un esprit beaucoup moins ferme. Sir Bysshe, égoïste avoué, plaisait assez par cette sorte de naturel qui est le charme des cyniques. Mr. Timothy avait de bonnes intentions ; cela le rendait insupportable. Il aimait les lettres avec l'irritante maladresse des illettrés. Il affectait un respect mondain pour la religion, une tolérance agressive pour les idées nouvelles, une philosophie pompeuse. Il aimait à se dire libéral dans ses opinions politiques et religieuses, mais tenait à ne point choquer les gens de son monde. Ami des ducs catholiques de Norfolk, il parlait avec complaisance de l'émancipation des catholiques irlandais, grande audace dont il était fier et un peu épouvanté. Il avait facilement les larmes aux yeux, mais pouvait devenir féroce si sa vanité était en jeu. Dans la vie privée, il se piquait de manières affables, mais aurait bien voulu concilier la douceur des formes avec le despotisme des actions. Diplomate dans les petites choses, brutal dans les grandes, inoffensif et irritant, il était fait pour donner terriblement sur les nerfs d'un juge sévère et l'agacement causé par la bavarde sottise de son père avait contribué pour beaucoup à jeter Shelley dans la sauvagerie intellectuelle. Quant à Mrs. Shelley, elle avait été la plus jolie fille du Sussex. Elle aimait qu'un homme fût batailleur et cavalier, et voyait avec ironie son fils aîné partir pour la forêt en emportant sous son bras un livre au lieu d'un fusil.

Aux yeux de ses sœurs, Shelley était un être surhumain. Dès qu'il arrivait d'Eton, la maison se peuplait d'hôtes fantastiques, le parc de Mr. Timothy s'animait de murmures confus comme *Le Songe d'une nuit d'été*, et les jeunes filles ne vivaient plus que dans une agréable terreur.

Il prenait plaisir à imprégner de mystère les calmes objets quotidiens. Dans chaque trou des vieux murs, il enfonçait un bâton pour chercher des passages secrets. Au grenier, il avait découvert une chambre toujours fermée à clé. Là vivait, disait-il, un vieil alchimiste à longue barbe, le terrible Cornelius Agrippa. Quand on entendait un bruit dans le grenier, c'était Cornelius qui renversait sa lampe. Pendant toute une semaine, la famille Shelley travailla dans le jardin à creuser un abri d'été pour Cornelius.

D'autres monstres se réveillaient à l'arrivée de l'écolier. Il y avait la grande Tortue, qui vivait dans l'étang, et le vieux Serpent, redoutable reptile qui avait réellement fréquenté jadis les halliers du parc et qu'un jardinier de Mr. Timothy avait tué d'un coup de faux. « Ce jardinier, petites filles, ce jardinier qui avait pourtant l'air d'un homme comme vous et moi, était en vérité le Temps lui-même qui fait périr les monstres légendaires. »

Ce qui rendait ces inventions charmantes, c'était que le conteur lui-même n'était pas trop sûr d'inventer. Les histoires de sorcières et de fantômes avaient troublé son enfance nerveuse. Mais plus il craignait les apparitions, plus il s'imposait de les braver. Ayant tracé un cercle à terre et enflammé de l'alcool dans une soucoupe, tout enveloppé d'une flamme bleuâtre, il commençait : « Démons de l'air et du feu... – Ah ! ça, que faites-vous Shelley ? » interrompit un jour son maître d'Eton, le solennel et magnifique Bethell. « S'il vous plaît, monsieur, j'évoque le Diable. »

A la campagne aussi le Seigneur des ténèbres fut souvent appelé par une jeune voix suraiguë et ferme. Parfois les enfants, à leur grande joie, recevaient du frère souverain l'ordre de se déguiser en esprits ou en diables. Plus souvent la chimie, dans ces jeux romantiques, prenait la place de l'alchimie. La discipline scientifique était bien étrangère à Shelley, mais il aimait les aspects magiques de la science. Armé d'une machine que l'on venait d'inventer, il électrisait le bataillon respectueux des jeunes filles. Quand la plus jeune, la petite Hellen, le voyait armé d'une bouteille et d'un fil de fer, elle se mettait à pleurer.

Mais ses disciples fidèles et chéries étaient l'aînée de ses sœurs, Elisabeth, et sa belle cousine, Harriet Grove. Une sensualité naissante et une recherche passionnée de la vérité unissaient ces trois enfants. Les premiers mouvements du désir communiquent toujours aux idées le charme naturel et puissant des caresses. Shelley entraînait ses belles élèves vers le cimetière, lieu que la présence mystérieuse des morts parait à ses yeux d'un poétique prestige. Assis sur une tombe rustique abrité des recherches de Mr. Timothy par l'ombre d'une vieille église, il entourait de ses bras les tailles flexibles, et pour de beaux yeux attentifs commentait le monde et les dieux.

Le tableau qu'il leur peignait de l'univers était simple. D'un côté le vice : rois, prêtres et riches ; de l'autre, la vertu : philosophes et misérables. D'un côté, la religion mise au service de la tyrannie ; de l'autre, Godwin et sa justice politique. Surtout il leur parlait de l'amour.

Les lois prétendent imposer des règles à nos sentiments naturels. Quelle folie ! Quand l'œil aperçoit un être charmant, le cœur s'enflamme. Comment l'éviter ? L'amour se fane dans une atmosphère de contrainte. Son essence est la liberté. Il n'est compatible ni avec l'obéissance, ni avec la jalousie, ni avec la crainte. Il lui faut la confiance et l'abandon. Le mariage est une prison...

Le scepticisme étendu au mariage est une forme d'esprit que goûtent peu les vierges. L'hérésie métaphysique peut quelquefois les divertir ; l'hérésie matrimoniale exhale à leur nez charmant une forte odeur de fagots.

— Des liens ? disait Harriet. Sans doute... Mais qu'importe, si ces liens sont doux.

— S'ils sont doux ils sont inutiles. Enchaîne-t-on un prisonnier volontaire ?

— Mais la religion...

Shelley appelait d'Holbach au secours de Godwin.

— Si Dieu est juste, comment croire qu'il punisse des créatures qu'il a remplies de faiblesse ? S'il est tout-puissant, comment l'offenser, comment lui résister ? S'il est raisonnable, comment se mettrait-il en colère contre des malheureux auxquels il a laissé la liberté de déraisonner ?

— Les usages...

— Que nous importent les usages de ce court moment de l'éternité que nous appelons le XIXe siècle ?

Elisabeth soutenait son frère. Et comment Harriet aurait-elle pu discuter avec un demi-dieu aux yeux brillants, à la chemise entrouverte sur un cou délicat, aux cheveux fins comme des soies dorées ?

— Travaillons à *Zastrozzi*, soupirait-elle, pour changer de conversation.

C'était un roman, qu'ils composaient tous trois ensemble. On y trouvait le bandit justicier, le tyran hautain et cynique, l'héroïne « élégamment proportionnée, toute de tendresse et de pureté ». A rédiger *Zastrozzi*, les heures passaient agréablement. Bientôt la nuit les surprenait. Elisabeth, sœur complice, abandonnait dans l'ombre les amants ingénus.

Shelley et Harriet rentraient enlacés dans la blanche vapeur qui, le soir, s'élève des prairies. Dans le petit bois qui masquait la maison, le vent léger balançait devant la lune les plus hautes branches des arbres. Les anémones, fermant leurs corolles blanches, laissaient se courber leurs tiges fatiguées ; la mélancolie du paysage nocturne rappelait à Shelley le retour proche aux sombres cloîtres d'Eton. Sentant frémir et vibrer sous sa main le corps tiède de sa belle cousine, il se sentait plein de courage pour une vie de combat et d'apostolat.

III

Le confident

En octobre 1810, Mr. Timothy escorta son fils à l'université d'Oxford. Le membre du Parlement était d'excellente humeur. Il logeait dans son ancienne auberge, à l'enseigne du « Cheval de Plomb ». Il y retrouvait le fils de son ancien hôte ; il venait inscrire un futur baronnet dans le collège où lui-même avait brillé d'un éclat passager. De telles cérémonies sont toujours agréables à un Anglais. Elles devaient l'être plus particulièrement à l'esprit pompeux de Mr. Timothy. Il entra chez le libraire Slatter et fit ouvrir au nouvel étudiant un crédit illimité en livres et en papeterie. « Mon fils ici présent, dit-il, en montrant avec bonhomie le grand jeune homme aux cheveux fous et aux yeux éclatants, mon fils, monsieur Slatter, est un littéraire. Il est déjà l'auteur d'un roman (c'était le fameux *Zastrozzi*) et s'il désire encore être imprimé tout vif, j'entends que vous le laissiez satisfaire cette fantaisie. »

Le collège enchanta Shelley. Avoir une chambre à soi, être libre d'assister ou non aux cours, pouvoir se livrer aux travaux qu'on a choisis, lire, écrire, se promener comme on l'entendait, c'était combiner tout le charme de la vie monastique avec la liberté d'esprit du philosophe. C'était ainsi qu'il eût rêvé de passer sa vie tout entière.

Le soir, dans le grand hall, il se trouva assis à côté d'un jeune homme, nouveau venu comme lui, qui, après s'être nommé : Jefferson Hogg, observa d'abord une grande réserve comme la mode d'Oxford l'exigeait. Cependant, vers le milieu du repas, les deux voisins, incapables de garder plus longtemps un silence si élégant, se mirent à parler de leurs lectures.

— La meilleure littérature poétique de ce temps, dit Shelley, est la littérature allemande.

Hogg, avec un sourire, objecta que les Allemands manquaient de naturel. Tant de romanesque le fatiguait.

— Quelle littérature moderne pouvez-vous comparer à la leur ?

— L'italienne, dit Hogg.

Ce mot réveilla l'impétuosité de Shelley et fit jaillir un discours si intarissable que les domestiques purent desservir avant que les deux jeunes gens se fussent aperçus qu'ils restaient seuls.

— Voulez-vous monter à ma chambre ? dit Hogg. Nous y continuerons la discussion.

Shelley accepta avec enthousiasme, mais, en montant l'escalier, perdit à la fois le fil de son discours et tout intérêt pour la littérature allemande. Pendant que Hogg allumait les chandelles, son hôte dit soudain avec calme qu'il ne voyait pas pourquoi cette discussion continuerait, qu'il ignorait également l'italien et l'allemand et qu'il avait parlé pour parler. Hogg répondit en souriant que son indifférence et son ignorance étaient égales, et installa sur une table une bouteille, des verres, des biscuits.

— D'ailleurs, dit Shelley, toute littérature n'est qu'un vain badinage. Qu'est-ce que c'est qu'étudier une langue ancienne ou moderne ? Apprendre de nouveaux noms à donner aux choses ; mais, qu'il serait plus sage d'étudier ces choses elles-mêmes.

— Les choses elles-mêmes ? dit Hogg. Mais comment ?

— Par la chimie par exemple.

Et, beaucoup plus inspiré que par la littérature allemande, Shelley commença un discours sur l'analyse chimique, sur les nouvelles découvertes de la physique, sur l'électricité. Hogg, que ces sujets n'intéressaient pas, regarda son nouvel ami. Parfaitement habillé, et même avec recherche, mais les vêtements en désordre, mince, fragile, très grand, il paraissait voûté parce que, dans le feu de son enthousiasme, il allongeait toujours la tête en avant. Ses gestes étaient à la fois gracieux et violents ; son teint blanc et rose comme celui d'une femme ; ses cheveux longs et en broussaille. Tout ce visage respirait un feu, une animation, une intelligence surnaturels. Et l'expression morale n'était pas moins saisissante que l'expression intellectuelle, car on trouvait répandu sur ses traits un air de douceur, de délicatesse, d'ardeur religieuse qui rappelait les visages des saints des grandes fresques de Florence.

Shelley parlait toujours quand l'horloge sonna. Il poussa un cri : « Mon cours de minéralogie ! » et s'envola dans les couloirs.

*
* *

Hogg lui avait promis d'aller le voir le lendemain matin. Il le trouva en violente discussion avec le domestique du collège qui voulait mettre la chambre en ordre.

Des livres, des chaussures, des papiers, des pistolets, du linge, des munitions, des fioles, des éprouvettes gisaient sur le plancher. Une machine électrique, une pompe à air, un microscope solaire dominaient cette scène de pillage. Shelley tourna la manivelle de la machine, et des étincelles sèches et brillantes craquèrent de tous côtés. Il monta sur un tabouret de verre, et ses longs cheveux blonds se dressèrent. Hogg, l'œil amusé, suivait ces mouvement avec un peu d'inquiétude, et surveillait surtout les plats et les assiettes. Au moment où son hôte allait servir le thé, il retira précipitamment de sa tasse un sou tout rongé par l'acide chlorhydrique.

Les deux jeunes gens devinrent inséparables. Chaque matin, ils se promenaient à pied : Shelley se conduisait en route comme un enfant, courant sur les talus, sautant les fossés. Quand il rencontrait un étang ou une rivière, il lançait des bateaux de papier et les suivait jusqu'au naufrage, tandis que Hogg exaspéré attendait debout sur la rive.

Après la promenade ils remontaient dans la chambre de Shelley qui, épuisé par sa continuelle dépense d'énergie, était alors envahi par une torpeur invincible. Il s'étendait devant le feu, sur une large couverture, pelotonné sur lui-même comme un chat, et dormait ainsi de six heures à dix heures. A ce moment, il se dressait subitement, se frottait les yeux avec une grande violence, passait, en s'étirant, les doigts dans ses longs cheveux, et commençait aussitôt à discuter un point de métaphysique ou à réciter des vers avec une énergie presque pénible.

A onze heures il soupait, mais ses repas n'étaient jamais compliqués. Hostile à la viande par principe, il adorait le pain. Il en avait toujours les poches pleines, et, quand il marchait, grignotait en lisant, de sorte que son chemin était marqué par un long sillage de miettes. Avec le pain ses mets favoris étaient les raisins de Corinthe et les prunes sèches qu'on achète chez les épiciers. Un repas régulier, à table, était pour lui un ennui insupportable, et il était rare qu'il pût y assister jusqu'à la fin.

Après le souper son esprit était clair et pénétrant, ses discours brillants. Il parlait à Hogg de sa cousine Harriet, à laquelle il écrivait de longues lettres où les élans d'amour alternaient avec la philosophie de Godwin; de sa sœur Elisabeth, si vaillante ennemie des préjugés. Ou bien il lisait la dernière lettre solennelle de Mr. Timothy, avec de grands éclats de rire. Puis il saisissait un de ses livres favoris, Locke, Hume ou Voltaire et le commentait avec passion.

Hogg s'était longtemps demandé pourquoi ces sceptiques avaient tant de charme pour l'esprit si évidemment mystique et religieux de son ami. Il semblait qu'en découvrant soudain, au détour de ses immenses lectures, l'infinie variété des systèmes, comme un enchevêtrement de vallées profondes et de précipices rocheux, une sorte de vertige eût saisi Shelley et que seule une doctrine claire et simple, comme celle de Godwin, pût calmer cette ivresse métaphysique. Il se plaisait à remplacer le titanesque et confus entassement de l'histoire par un transparent édifice de doctrines creuses et limpides, et préférait au monde véritable, dont l'incohérence l'épouvantait, la douce vision que l'esprit a des choses à travers les vaporeuses murailles des nuées.

Quand l'horloge du collège sonnait deux heures,

Hogg se levait, et, malgré les protestations de son ami, allait se coucher : « Quel être surprenant, pensait-il, tout en traversant, pour retrouver sa chambre, les longs couloirs silencieux... La grâce d'une jeune fille, la pureté d'une vierge qui n'est jamais sortie de la maison de sa mère. Et pourtant, une force indomptable... Une âme de moine bénédictin et des idées de sans-culotte... »

C'était, en effet, un mélange assez digne de réflexion. Mais Maître Jefferson Hogg n'aimait pas les méditations fatigantes et son ami Shelley lui inspirait toujours une invincible envie de dormir.

IV

Le pin voisin

Quelques jours avant Noël, Mr. Timothy trouva dans son courrier une lettre d'un éditeur de Londres, un certain Mr. Stockdale, qui lui signalait les extraordinaires productions que le jeune Percy Shelley prétendait faire imprimer. Stockdale avait entre les mains le manuscrit d'un roman : *Sainte-Irvine ou le Rose-Croix*, rempli des idées les plus subversives, et ce commerçant vertueux ne voyait pas sans inquiétude le fils d'un homme aussi respectable s'engager dans un chemin dangereux. Il avait cru de son devoir de prévenir un père de famille, et surtout d'attirer son attention sur le mauvais ange du jeune Mr. Shelley, son camarade Jefferson Hogg, fils d'une bonne famille tory du Nord de l'Angleterre, mais esprit faux, froid et dangereux.

Mr. Timothy commença par informer Mr. Stockdale qu'il ne paierait pas un penny de la note d'impression, ce qui augmenta aussitôt vivement les inquiétudes métaphysiques et doctrinales de l'éditeur. Puis, en attendant l'arrivée de son fils, qui devait venir la même semaine passer les vacances de Noël à Field-Place, il prépara un de ses sermons incohérents, sentimentaux et menaçants, solennels et bouffons, genre littéraire où il était maître.

Un raisonnement n'a jamais convaincu personne. Mais croire qu'un raisonnement de père puisse changer les idées d'un fils est le comble de la folie raisonnante. Shelley sortit de cette conversation irrité par la sottise de sa famille, rempli d'une juste fureur contre la conduite, indigne d'un gentleman, de Mr. Stockdale, et plus attaché que jamais à son seul ami, Jefferson Hogg. Le soir même, il écrivit à celui-ci une longue lettre de confidences.

« Tout le monde ici attaque mes détestables principes. Je suis un paria... Une terrible tempête se prépare. Pour moi, je reste calme, et comme un phare qui domine la mer agitée, je souris de voir à mes pieds les assauts inutiles des vagues. J'ai essayé d'éclairer mon père, *Mirabile dictu!* Il a écouté pendant un certain temps mes arguments. Il m'a accordé l'impossibilité de l'intervention directe de la Providence. Il m'a même accordé l'invraisemblance des sorcières, des fantômes et autres miracles légendaires. Mais quand je me suis mis à appliquer à ses propres croyances les vérités sur lesquelles nous venions de nous entendre si harmonieusement, il a bondi et m'a imposé silence par un seul argument, éternel il est vrai : “Je crois parce que je crois.” Ma mère, elle, me voit déjà sur la grand-route du Pandémonium et croit que je veux pervertir mes sœurs. Que tout cela est ridicule ! »

La maison, jadis si gaie à l'époque des vacances, avait été tout attristée par cet incident. Mrs. Shelley recommandait à ses filles de ne pas trop parler avec leur frère, et les petites paraissaient gênées. Par la force de l'habitude on continuait les préparatifs de Noël, mais personne n'y avait goût, et l'on organisait sans ardeur, avec une gaieté forcée, toutes ces petites surprises si douces dans une famille unie.

Seule Elisabeth restait en secret fidèle à Shelley. Malheureusement elle voyait bien que son admiration n'était plus partagée par sa cousine Harriet, qu'elle sentait chaque jour devenir plus froide et plus évasive.

Les lettres que Harriet avait reçues d'Oxford, lettres pleines de dissertations enthousiastes et difficiles à suivre, l'avaient agacée et inquiétée. Les citations de Godwin l'ennuyaient au plus haut point, et l'effrayaient bien davantage. Il est rare que les jolies femmes aient le goût des idées dangereuses. La beauté, forme naturelle de l'ordre, est conservatrice par essence. Elle soutient la religion établie dont elle orne les cérémonies ; Vénus a toujours été le meilleur agent de Jupiter.

La belle Harriet avait montré les lettres suspectes à sa mère, puis, sur le conseil de celle-ci, à son père, qui en avait déclaré les doctrines abominables. Autour d'elle on augurait mal l'avenir du jeune Shelley. Fallait-il épouser un original qui, par ses folies, s'aliénait tout le monde ? Harriet aimait l'élégance, les bals du comté, le succès. Que serait la vie avec cet enthousiaste qui ne respectait pas même le mariage ? Et tout de même, la religion méritait bien aussi qu'on y pensât.

Avant l'arrivée de Percy, les deux jeunes filles avaient eu des discussions assez violentes. Elisabeth défendait son frère. Comment Harriet pouvait-elle mettre en balance quelques vaines satisfactions d'amour-propre et le bonheur de passer sa vie avec le plus merveilleux des hommes ?

— Vous faites de votre frère un être bien remarquable, répondait Harriet. Mais est-ce que je sais moi, s'il l'est vraiment ? Nous avons vécu à la campagne, nous sommes ignorantes de tout. Nos parents, votre père lui-même qui est membre du Parlement, et qui a l'expérience du monde, blâment les idées de Percy. Admettons qu'il soit un génie. Quel droit ai-je, alors, à commencer avec lui une vie intime qui finira en désappointement quand il découvrira combien je suis inférieure à l'idée qu'a formée de moi son imagination surchauffée ? Je ne suis qu'une humble jeune fille, très semblable à toutes les autres. Il m'a idéalisée. Il serait bien surpris s'il me connaissait telle que je suis.

Une telle modestie était inquiétante et l'amour raisonne moins bien.

Dès l'arrivée de Shelley, Elisabeth le mit au courant. Il courut chez Harriet. Il la trouva comme Elisabeth la lui avait décrite, froide et lointaine. Elle ne souhaitait même pas que Shelley se disculpât ; elle lui demandait seulement de la laisser tranquille. Elle lui reprochait d'être un sceptique en toutes choses.

— Mais enfin, Harriet, dit Shelley, il est monstrueux que je ne puisse avouer des convictions auxquelles je suis arrivé par des raisonnements évidents. En quoi mes croyances théologiques peuvent-elles me disqualifier comme frère, comme ami, comme amant ?

— Eh ! dit Harriet, vous pouvez penser tout ce qu'il vous plaira, je m'en soucie fort peu. Mais ne me demandez pas d'unir mon sort au vôtre.

C'était la première fois que Shelley découvrait cette indifférence des femmes, qui tombe aussi subitement que la nuit au centre de l'Afrique. Il sortit de là fou de douleur. A travers les bois nus et glacés, il revint lentement à Field-Place, et, sans s'apercevoir qu'il était couvert de neige, il arpenta pendant une partie de la nuit ce cimetière de village qui avait été le décor de ses jeunes amours. Il rentra chez lui vers deux heures du matin, et se coucha en plaçant près de son lit un pistolet chargé et des poisons variés qu'il avait empruntés à son arsenal de chimiste. Mais la pensée du chagrin qu'aurait Elisabeth en retrouvant son corps l'empêcha de se tuer.

Au matin, il écrivit à Hogg. Contre Harriet elle-même, il n'exprimait aucun ressentiment, pas même contre Mr. Timothy ou Mr. Grove. La seule responsable de cette tragédie, c'était l'Intolérance. « Mon ami, je jure ici – et si je manque à mon serment, que l'Infinité me frappe – je jure de ne jamais pardonner à l'Intolérance. En principe, je n'admets pas la vengeance, mais ce cas est le seul où je la juge légitime. Chacun de mes moments libres sera consacré à cette mission. L'Intolérance ruine la société, elle encourage les préjugés qui brisent les plus chers, les plus tendres des liens. Oh ! que je voudrais être le vengeur, être celui qui écrasera le démon, qui le précipitera dans son enfer natal, pour ne jamais le laisser remonter, celui qui établira enfin la Tolérance universelle.

« J'espère satisfaire un peu cet insatiable sentiment, dans mes vers. Vous verrez, vous entendrez comme le monstre m'a blessé. *Elle* n'est plus à moi ! *Elle* me hait comme sceptique, comme ce qu'elle était elle-même auparavant ! Oh ! bigoterie ! Si jamais je te pardonne cette dernière persécution, que le Ciel m'écrase ! (Si le Ciel connaît la colère...) Pardonnez-moi, mon cher ami, je crains qu'il n'y ait bien de l'égoïsme dans toute cette passion de l'amour, car il me semble à chaque instant que mon âme va éclater. Je veux fuir ce sentiment ; il est égoïste, je ne veux plus sentir que pour les autres... Quant à moi, combien je préférerais périr dans la lutte ! Oui, là serait le soulagement... Le suicide est-il un crime ? J'ai dormi, la nuit dernière, près de mon pistolet chargé. Si ce n'avait été pour ma sœur, pour vous, je vous aurais dit l'adieu final. »

Il lui restait quinze jours de vacances à passer encore à Field-Place. Tristes jours pendant lesquels il fallait vivre entre un père et une mère furieux, des enfants inquiets. Harriet, malgré les invitations d'Elisabeth, refusait de venir à Field-Place. Les gens bien informés, en grand mystère, annonçaient ses fiançailles avec un inconnu.

Pour essayer de calmer sa douleur par le spectacle du bonheur des autres, Shelley avait formé le projet de fiancer sa sœur et son ami, qui ne s'étaient jamais vus. Il envoyait à Hogg des vers d'Elisabeth remplis de bonnes intentions, de haine de l'Intolérance et de fautes de prosodie. *Tous sont frères*, chantait Elisabeth, bonne élève, *tous sont frères, même l'Africain courbé sous les coups de bâton de l'Anglais au cœur dur*... Elle avait écrit toute une élégie dans ce style. En retour, Shelley lui donnait les poèmes de Hogg, qu'il déclarait « extrêmement beaux », et où lui-même était comparé à un jeune chêne, Harriet Grove au lierre qui détruit l'arbre après l'avoir enlacé.

— Vous n'avez pas dit, répondit Shelley, que le lierre, ayant détruit le chêne, va par dérision s'enrouler autour du pin voisin.

Le pin voisin était Mr. Helyar, riche propriétaire, homme de saines doctrines, créé tout exprès par la Providence pour conduire sa femme aux bals du comté. « Elle est perdue pour moi à tout jamais ! Elle mariée ! Mariée à une motte de terre ! Elle va, comme lui, devenir matière insensible et brute. Tant de belles possibilités se flétriront ! N'en parlons plus, mon ami. »

Il aurait bien voulu pouvoir inviter Hogg à Field-Place, pour qu'Elisabeth pût juger elle-même quel homme admirable il était. Mais Mr. Timothy conservait le souvenir des avertissements de l'éditeur au sujet d'un certain mauvais ange, et interdit l'invitation.

V

Quod erat demonstrandum

Un mois environ après ces tristes vacances, MM. Munday et Slatter, ces libraires d'Oxford auxquels Mr. Timothy avait recommandé les fantaisies littéraires de son fils, virent entrer le jeune Shelley, cheveux au vent et chemise ouverte. Il portait sous le bras un gros paquet de brochures. Il souhaitait qu'elles fussent vendues six pence l'une, qu'on les étalât bien en vue dans la vitrine, et d'ailleurs pour être certain que celle-ci serait faite à son goût, il allait la faire lui-même.

Aussitôt, écartant les libraires, il se mit au travail. MM. Munday et Slatter, amusés, le regardaient s'agiter avec la bienveillance paternelle et goguenarde que les commerçants des villes d'université témoignent aux étudiants bien munis d'argent de poche. S'ils avaient mieux regardé, ils auraient été terrifiés par les chargements de matière explosible que leur jeune et aristocratique client entassait en piles élégantes dans leur honorable vitrine. Le titre des brochures était le plus scandaleux qu'on pût afficher dans une ville théologique et prude : *La Nécessité de l'athéisme*. Elles étaient signées du nom inconnu de Jeremiah Stukeley, et si MM. Sunday et Slatter les avaient feuilletées un seul moment, ils auraient été plus épouvantés encore par l'insolente logique de ce Stukeley imaginaire.

« Les sens sont l'origine de toute connaissance. » C'est par cet axiome téméraire que commençait le pamphlet, qui, rédigé sous forme mathématique, prétendait démontrer l'impossibilité de l'existence de Dieu, et se terminait orgueilleusement par les trois lettres Q.E.D. : *quod erat demonstrandum.* A Shelley qui ne comprenait rien aux mathématiques, cette formule magique était toujours apparue comme une moderne incantation pour évoquer la vérité. Bien qu'il crût avec une ardeur fervente à un Esprit de bonté universelle, créant et gouvernant toute chose, à la vie future, à toute une théologie personnelle de « Vicaire savoyard » anglican, le mot « athée » lui plaisait par sa violence. Il aimait à le lancer à la face des bigots. Il relevait ce nom qu'on lui avait jeté jadis à Eton, comme le chevalier relève un gant. Au courage physique et au courage moral que possède tout bon Anglais, il prétendait ajouter le courage intellectuel : le danger était grand, le scandale certain. Mais le lierre inconstant, s'enlaçait autour du pin voisin, et l'Intolérance devait être châtiée.

La Nécessité de l'athéisme avait paru depuis vingt minutes seulement quand le Révérend John Walker, homme d'un aspect sinistre et inquisiteur, répétiteur officieux d'un collège médiocre, passa devant la boutique et regarda la vitrine. « *Nécessité de l'athéisme ! Nécessité de l'athéisme ! Nécessité de l'athéisme !* » lut le Révérend John Walker qui, surpris, offensé, indigné, pénétra dans la librairie et dit avec autorité :

— Monsieur Munday ! Monsieur Slatter, que signifie ceci ?

— Ma foi, *sir*, ma foi, nous n'en savons rien. Nous n'avons pas examiné la publication personnellement...

— *Nécessité de l'athéisme*. Ce titre seul aurait dû vous dire...

— Certainement, *sir*. Maintenant que notre attention a été attirée sur ce titre...

— Maintenant que votre attention a été attirée, monsieur Munday et monsieur Slatter, vous aurez l'obligeance de faire disparaître immédiatement tous ces exemplaires de votre vitrine et tous autres que vous pouvez posséder, de les emporter dans votre cuisine et de les brûler dans votre poêle.

Mr. Walker n'avait aucune autorité légale pour donner de tels ordres. Mais les libraires savaient qu'il lui suffirait de se plaindre pour faire interdire leur magasin aux étudiants. Ils s'inclinèrent avec un sourire obséquieux, et envoyèrent le commis de la librairie prier le jeune Mr. Shelley de venir leur parler.

— Nous sommes désolés, Mr. Shelley, mais en vérité il nous était impossible de faire autrement. Mr. Walker y tenait absolument, et dans votre propre intérêt...

Mais ce propre intérêt était ce qui préoccupait le moins Shelley. De sa voix aiguë, pressante, il maintint devant les libraires inquiets son droit de penser et de communiquer ses pensées à d'autres.

— D'ailleurs, leur dit-il, j'ai fait mieux que de tendre mes appeaux devant les vieux oiseaux aveugles d'Oxford. J'ai envoyé un exemplaire de *La Nécessité de l'athéisme* à tous les évêques anglais, au Vice-Chancelier et aux maîtres des collèges, avec les compliments de Jeremiah Stukeley, de mon écriture non déguisée.

*

* *

Quelques jours plus tard, un appariteur vint dans la chambre de Hogg prier Mr. Shelley, avec les compliments du doyen, de se présenter aussitôt devant celui-ci. Il descendit dans la salle de réunion du collège, où il trouva réunies toutes les autorités du lieu. C'était un petit groupe de maîtres à la fois érudits et puritains, exemplaires sans fantaisie du christianisme athlétique et classique, qui presque tous détestaient depuis longtemps le jeune Shelley, à cause de ses cheveux longs, de son étrange façon de s'habiller et de son goût vraiment vulgaire pour les expériences scientifiques.

Le doyen lui montra un exemplaire de *La Nécessité de l'athéisme*, et lui demanda s'il en était l'auteur. Comme l'homme parlait d'une voix rude et insolente, Shelley ne répondit pas.

— Etes-vous, oui ou non, l'auteur de ce livre ?

— Si vous pouvez le prouver, produisez vos témoignages. Il n'est ni juste, ni légal de m'interroger de cette façon. Ce sont des procédés d'inquisiteur, non d'hommes libres dans un pays libre.

— Niez-vous que ceci soit votre œuvre ?

— Je ne répondrai pas.

— Dans ce cas, vous êtes expulsé, et je désire que vous quittiez ce collège demain matin au plus tard.

Une enveloppe scellée du sceau du collège lui fut tendue aussitôt par l'un des assesseurs. Elle contenait la sentence d'expulsion.

Shelley courut à la chambre de Hogg, se laissa tomber sur le divan et répéta en tremblant de rage : « Expulsé ! Expulsé ! » Ses dents claquaient. La punition était terrible. C'était l'interruption de toutes ses études, l'impossibilité de les recommencer dans une autre université, la privation certaine de cette belle vie calme qu'il aimait, la fureur durable et bouffonne de son père. Hogg lui-même fut indigné. Emporté par une imprudente générosité, il écrivit sur-le-champ une note exprimant son chagrin et son étonnement qu'un tel traitement ait pu être infligé à un tel gentleman. Il espérait que la sentence ne serait pas définitive.

Le domestique fut chargé de remettre ce message au tribunal qui était encore réuni. Il revint immédiatement apporter à Hogg les compliments du doyen et l'ordre de descendre. L'audience fut courte. « Avez-vous écrit ceci ? » C'était la note que Hogg venait d'envoyer, et il la reconnut.

— Et ceci ?

Avec une grande force et des habiletés de vieil avocat, Hogg expliqua l'absurdité de la question, l'injustice d'avoir condamné Shelley, l'obligation où se trouvait tout homme conscient de ses droits...

— Bien, vous êtes expulsé, dit le juge d'une voix furieuse.

Il était évidemment d'humeur à expulser ce soir-là tout le collège, et Hogg reçut à son tour une enveloppe cachetée.

Dans l'après-midi, une affiche fut placée aux portes du hall. Elle donnait les noms des deux coupables et annonçait qu'ils étaient publiquement chassés, pour avoir refusé de répondre aux questions qui leur étaient posées.

VI

Vigoureuse dialectique de Mr. Timothy

La diligence d'Oxford emportait les exilés et leurs bagages. Shelley avait emprunté à ses libraires vingt livres sterling pour se loger et vivre à Londres en attendant des nouvelles de son père.

Les chambres qu'il visita avec Hogg lui parurent toutes inhabitables : la rue était trop bruyante, le quartier trop sale, la servante trop laide. Enfin Poland Street éveilla dans son esprit des associations sympathiques... « Pologne... Varsovie... Liberté », il ne pouvait y avoir dans Poland Street que des chambres dignes d'un homme libre, et, en effet, la première qu'ils y trouvèrent était tapissée d'un papier à grappes vertes et bleues qui leur parut le plus beau du monde.

— Ceci, dit Shelley, sera notre logis définitif. Nous y recommencerons nos journées d'Oxford : lectures au coin du feu, promenades, expériences. Nous y passerons notre vie.

Programme délicieux auquel ne manquaient que l'assentiment de Mr. Timothy et celui de Mr. Hogg le père.

*
* *

En apprenant les événements d'Oxford, Mr. Timothy avait été furieux. Pour un grand propriétaire, membre du Parlement et juge de paix de son comté, l'aventure était désagréable et la disgrâce singulière. Surtout l'accusation d'athéisme le tourmentait, car il était connu comme libéral, hardiesse qui l'obligeait à l'orthodoxie.

Il écrivit une lettre solennelle à Mr. Hogg père pour déplorer « cette malheureuse affaire arrivée à Oxford, à mon fils et au vôtre », et pour le prier de rappeler au plus vite « son jeune homme ». « Pour moi, ajoutait-il, je recommanderai au mien de lire la théologie naturelle de Paley, qui convient à merveille à son cas ; je la lirai même avec lui. »

Puis il composa pour « son jeune homme » une lettre sévère et forte : « *Bien que j'aie pu comme père, souffrir pour vous la disgrâce amenée par vos opinions criminelles, j'ai des devoirs stricts envers ma propre réputation, envers vos frères et sœurs plus jeunes, envers mes sentiments de chrétien. Si vous désirez recevoir de moi aide, assistance et protection, il faut :*

1° *Rentrer immédiatement à Field-Place et renoncer pour longtemps à tout commerce avec Mr. Hogg ;*

2° *Vous placer sous la direction de tels gentlemen que je choisirai et leur obéir.* » Si ces conditions n'étaient pas acceptées, Mr. Timothy abandonnerait son fils à la misère qui s'attache justement à des opinions diaboliques.

La réponse fut courte : « *Mon cher Père, comme vous me faites l'honneur de me demander mes intentions pour servir de base à votre conduite, je crois de mon devoir (bien qu'il me déplaise de blesser vos sentiments à l'égard de votre propre réputation et de celle de votre famille) de refuser absolument mon consentement aux deux propositions contenues dans votre lettre et de vous affirmer qu'un tel refus suivra à tout jamais de telles offres. Avec tous mes remerciements pour votre bienveillance, je reste votre fils affectueux et respectueux. Percy Bysshe Shelley.* »

*
* *

La grande difficulté de la diplomatie paternelle, c'est que l'un des négociateurs veut à toute force éviter de rompre, ce qui rend les sanctions difficiles. Ses « conditions » ayant été sèchement repoussées, Mr. Timothy ne sut que faire.

Il n'était pas mauvais homme au fond et croyait à la puissance dialectique d'une bouteille de porto. Il résolut d'aller à Londres et d'inviter les rebelles à l'hôtel Miller, où le vin était bon.

« Au fond, se disait-il en attendant les deux étranges créatures, au fond il faut prendre les enfants par la bonhomie, et aller même, quelque ridicule que cela puisse paraître, jusqu'à discuter avec eux... Un esprit mûr et réfléchi a raison sans aucune peine d'un philosophe de dix-huit ans et de grands malheurs peuvent être évités par un discours fait à propos... Après tout, Percy est l'héritier du domaine, c'est à lui que reviendra le titre des Shelley ; il importe de le ramener à la raison. » Et le bon Mr. Timothy, tout en roulant dans sa tête les arguments théologiques de Paley, se frottait les mains avec satisfaction.

Cependant les jeunes gens venaient à pied de Poland Street en lisant à haute voix dans la rue, avec mille plaisanteries, le *Dictionnaire philosophique* de Voltaire. Shelley goûtait en particulier ce que le vieux Français disait du peuple juif, de l'intolérance qui paraît partout dans la Bible, de la cruauté de Jéhovah.

Quand ils arrivèrent à l'hôtel, l'homme d'affaires des Shelley, Mr. Graham, avait rejoint son client et ami. Mr. Timothy reçut Hogg avec une bienveillance pateline et transparente, puis, se tournant vers son fils, lui adressa à brûle-pourpoint un discours long, incompréhensible et ponctué de manifestations dramatiques qui parurent tout à fait ridicules aux deux jeunes gens. Shelley se pencha vers son ami et murmura :

— Eh bien ! que pensez-vous de mon père ?

— Ce n'est pas votre père, dit Hogg tout bas, c'est Jéhovah lui-même.

Shelley éclata de rire.

— Qu'avez-vous, Percy ? Etes-vous malade ? dit Mr. Timothy scandalisé. Etes-vous fou ? Pourquoi riez-vous ?

Heureusement, on annonça le dîner. Il fut excellent et à peu près cordial. Au dessert, Mr. Timothy envoya son fils commander des chevaux de poste et entreprit la conquête de Hogg.

— Monsieur, vous êtes très différent de ce que j'attendais... Vous êtes un gentleman agréable, modeste, raisonnable... Dites-moi, que pensez-vous que je doive faire de mon pauvre garçon ? Il est bien fou, n'est-ce pas ?

— Assez, oui, monsieur.

— Alors, que pensez-vous que je doive faire ?

— S'il avait épousé sa cousine, il serait devenu tout différent. Il a besoin de quelqu'un qui prenne soin de lui, d'une bonne femme. Pourquoi ne pas le marier ?

— Mais comment ? C'est impossible ! Si je dis à Percy d'épouser une jeune fille, il refusera certainement ; je le connais.

— Il refuserait si vous lui donniez l'*ordre* de se marier, et je l'approuverais. Mais si vous le mettez sans rien dire en rapport avec une jeune fille bien choisie, il est possible qu'il s'éprenne d'elle. Et d'ailleurs, si la première ne réussit pas, vous pouvez toujours en essayer une autre.

L'homme d'affaires, Mr. Graham, dit que c'était un plan admirable, et les deux hommes s'étaient mis, sur un coin de table, à dresser des listes de jeunes filles quand Shelley revint. Mr. Timothy fit apporter une bouteille de très vieux porto et commença son propre éloge. Il était très respecté à la Chambre des communes, respecté par toute la Chambre et en particulier par le *speaker*[1], qui lui disait : « Mr. Shelley, je ne sais pas ce que nous ferions sans vous. » Il était très aimé dans son comté de Sussex, et excellent juge de paix... Il raconta une longue histoire de deux braconniers qu'il avait condamnés : « Vous les connaissez, Graham, vous savez ce qu'ils sont ? » Graham approuva. « Eh bien, quand ils sont sortis de prison, ils sont venus me remercier. »

Hogg ne sut jamais pourquoi ces deux malheureux avaient remercié un juge impitoyable, car à ce moment, jugeant la préparation de porto suffisante, Mr. Timothy attaqua le sujet essentiel.

— Voyons, dit-il, il y a certainement un Dieu... Il ne peut y avoir aucun doute à ce sujet, aucun doute.

Aucun des auditeurs n'exprima le moindre doute.

— Vous, monsieur, dit-il en se tournant vers Hogg, vous n'avez aucun doute personnel ?

---

1. Le président.

— Pas le moindre, monsieur.

— Parce que, si vous en avez, je puis vous prouver l'existence de Dieu en une minute.

— Mais, monsieur, je n'en ai aucun.

— Ah !... Mais peut-être aimeriez-vous néanmoins à entendre mes arguments ?

— Avec grand plaisir !

— Eh bien, je vais vous les lire.

Il fouilla dans toutes ses poches, sortit des lettres, des factures, et pour finir, une feuille qu'il commença à lire. Shelley, penché en avant, écoutait avec une grande attention.

— Mais j'ai déjà entendu tout cela, dit-il au bout de quelques instants ; et se tournant vers Hogg :

— Où ai-je déjà entendu cela ?

— Mais, dit Hogg, ce sont les arguments de Paley.

— Parfaitement, dit le lecteur avec satisfaction, vous avez raison : ce sont les arguments de Paley. Je les ai copiés dans le livre de Paley ce matin, de ma propre main, mais Paley les tenait de moi ; tout le livre de Paley est de moi.

Sur quoi il plia la feuille et la remit dans sa poche, très mécontent. Son fils le regardait avec plus de mépris que jamais, et le dîner se termina sans avoir amené une réconciliation. Shelley refusa de suivre son père, son père de lui donner un penny. Les deux seuls qui se séparèrent assez contents l'un de l'autre furent Hogg et Mr. Timothy. Mr. Timothy avait trouvé l'ami de son fils beaucoup plus humain que celui-ci : il n'était pas comme Percy, toujours hérissé, tendu, retranché derrière des principes auxquels on ne pouvait toucher sans blesser son infernal orgueil. Pour un homme aussi jeune, il comprenait la vie. Son idée de mariage était sensée. Hogg, de son côté, déclara que le membre du

Parlement était décidément d'éloquence un peu obscure, mais bon enfant et hospitalier.

Quelques jours plus tard, il prouva une fois de plus qu'il comprenait la vie en se réconciliant avec son propre père, qui, chef d'une vieille famille conservatrice bien connue pour l'exactitude de ses sentiments religieux, n'avait nul besoin d'afficher la même horreur des actes de son « jeune homme » que le seigneur libéral de Field-Place.

Il conseilla à son fils de faire du droit, et lui trouva une place dans une étude d'avoué à York. Hogg dut alors abandonner Shelley dans la chambre de Poland Street, au milieu des raisins verts et bleus.

VII

Académie de Jeunes Filles

Resté seul à Londres, sans ami, sans occupation, sans argent, Shelley tomba dans le désespoir. Il passait les jours dans sa chambre à composer des vers mélancoliques et à écrire des lettres à Hogg. Le soir, ne sachant que faire, il se couchait à huit heures. Le sommeil seul l'empêchait de se raconter sans fin l'histoire de ses malheurs. Dès qu'il se laissait aller à la rêverie, l'image de sa belle et inconstante cousine s'installait dans sa pensée vide et le torturait. Il essayait de combattre à coup de syllogismes ces apparitions douloureuses.

« J'aimais un être, se disait-il. Or, l'âme de cet être n'est plus ce qu'elle était. Par conséquent, cet être n'est plus, car j'aimais son âme et non son corps. Je pourrais aussi bien parler d'amour aux vers qu'engendrera quelque jour dans l'horreur du charnier le corps de la bien-aimée. » Ce raisonnement lui paraissait si bon qu'il s'étonnait de n'y trouver aucune consolation.

La question d'argent devenait grave. Mr. Timothy ne donnait plus signe de vie. Son fils, l'ayant rencontré par hasard dans les rues de Londres, dit poliment : « Vous allez bien ? » Il reçut pour toute réponse un regard noir comme un ciel d'orage et un majestueux : « Votre humble serviteur, monsieur. »

Heureusement ses sœurs ne l'oubliaient pas et lui envoyaient leur argent de poche. C'était tout ce qu'il avait pour vivre. Elisabeth, à Field-Place, était sous bonne garde, mais les deux petites avaient été mises en pension à l'Académie de Jeunes Filles de Mrs. Fenning à Clapham, et les élèves de Mrs. Fenning connurent bientôt les beaux yeux, les chemises ouvertes et les boucles folles du frère d'Hellen Shelley.

Il arrivait, les poches pleines de biscuits et de raisins secs, et commençait à discourir sur des sujets éternels devant un cercle de petites filles ravies. Il avait entrepris aussitôt « d'éclairer » les plus jolies. Il ne pouvait supporter la pensée que ces beaux visages fussent abandonnés aux « préjugés ».

Surtout il admirait la chevelure claire, le teint délicatement rosé de la meilleure amie de ses sœurs, la charmante Harriet Westbrook. C'était une jeune fille de seize ans, toute petite, mais faite à merveille, avec un air de gaieté ingénue et de fraîcheur délicieux. Elle devint bien utile quand Mrs. Fenning (sur des ordres reçus de Mr. Timothy) exigea que les visites devinssent plus rares. Harriet, dont les parents habitaient Londres, sortait chaque jour, matin et soir, pour aller de la maison à la pension ; c'est à elle que furent confiés les envois d'argent et de gâteaux, et naturellement l'ermite de Poland Street devint vite son grand ami.

Harriet Westbrook avait pour père un ancien cafetier qui avait voulu qu'elle reçût l'éducation d'une fille de gentleman. Sa mère étant morte, elle était dirigée par sa sœur Eliza, fille assez mûre. On imagine à quel point la famille Westbrook s'intéressa à ce fils de baronnet, héritier d'une immense fortune et beau comme un dieu, qui vivait, dans une petite chambre, de pain et de figues sèches, et auquel la plus jeune des Westbrook apportait la bourse de ses sœurs pour l'empêcher de mourir de faim.

Eliza insista pour voir le héros et Harriet l'emmena dans une de ses expéditions. La fille aînée du cafetier effraya un peu Shelley ; elle était sèche et maigre ; dans le visage d'un blanc terne, couturé de cicatrices, deux yeux éteints regardaient sans intelligence ; une masse de cheveux noirs surmontait le tout. Miss Eliza Westbrook était particulièrement fière de sa chevelure. De manières affectées, elle faisait un contraste frappant avec sa jeune sœur dont le rire affirmait la simplicité. Mais Shelley oublia vite une première impression de laideur quand il vit que cette vierge mûrissante montrait pour lui de l'amitié. Non seulement la sœur aînée ne s'opposa pas, comme on aurait pu le craindre, aux visites de Harriet, mais elle s'offrit à servir de chaperon et invita plusieurs fois Shelley à dîner quand Mr. Westbrook était absent. Elle gagna tout à fait le cœur du jeune philosophe en demandant à être éclairée à son tour et entreprit sous sa direction la lecture du *Dictionnaire philosophique*.

Les promenades d'Harriet avec Shelley furent assez vite remarquées à l'Académie de Jeunes Filles. Une maîtresse lui donna des conseils de prudence : « Ce jeune Mr. Shelley est connu pour la hardiesse de ses opinions ; il est probable que ses sentiments moraux ne valent pas mieux que ses idées. » Harriet se fit confisquer une lettre toute remplie des raisonnements les plus dangereux. La correspondante de « l'athée » fut menacée d'être renvoyée. Toutes les filles de gentleman tournèrent le dos à la fille du cafetier et le séjour de l'école lui devint très pénible.

Un jour, comme Shelley, solitaire, lisait au coin de son feu, Eliza lui fit dire qu'Harriet était souffrante et le pria de venir tenir compagnie à la malade. Il trouva son amie couchée, très pâle, mais plus jolie que jamais avec ses cheveux châtains dénoués. Mr. Westbrook monta dire bonsoir à Shelley qui fut assez gêné en le voyant entrer ; quelle que fût son horreur des préjugés, cette visite nocturne dans une chambre de jeune fille lui paraissait indiscrète. Mais Mr. Westbrook fut aimable, très aimable : « Je regrette de ne pouvoir rester avec vous, mais j'ai des amis en bas ; si vous voulez nous rejoindre un peu plus tard... » Shelley remercia ; les amis de Mr. Westbrook l'effrayaient.

Il s'assit près du lit de Harriet à côté d'Eliza qui, très éloquente ce soir-là, parla longuement de l'amour. Bientôt Harriet se plaignit d'un violent mal de tête ; elle était incapable de supporter le bruit d'une conversation. « Eh bien, je vais descendre », dit Eliza, et elle laissa seuls les deux enfants. Shelley resta jusqu'à minuit et demie, tandis que les amis de Mr. Westbrook riaient et buvaient au-dessous. Le lendemain, Harriet alla mieux.

*

* *

Depuis qu'il pouvait dans son exil voir des jeunes filles et éveiller leur esprit, Shelley était beaucoup moins malheureux. Cependant il souffrait d'être séparé de sa sœur Elisabeth. Elle ne répondait même plus à ses lettres ; il se demandait si elle était séquestrée, et voulait à tout prix rentrer à Field-Place pour la revoir. Pendant quelque temps il eut l'idée d'y faire une rentrée à l'américaine. Que pouvait-il arriver s'il y allait un soir sans prévenir, s'y installait et ne répondait que par le silence aux malédictions de Mr. Timothy ? Mais tout fut rendu plus simple quand le frère de Mrs. Shelley, le capitaine Pilfold, vint fort à propos fournir à son neveu la tranchée de départ dont il avait besoin pour une attaque sur Field-Place.

Le capitaine Pilfold était un vieux marin, brave et jovial, qui avait commandé une frégate sous Nelson à Trafalgar et qui préférait mille fois son neveu fantaisiste au solennel beau-frère Timothy. Que Percy fût ou non un sceptique, le capitaine s'en moquait bien. L'enfant avait de la volonté, et c'était là l'important. Il l'invita à venir le voir en son domaine de Cuckfield, à dix milles de Field-Place, et le reçut admirablement. Shelley reconnaissant offrit « d'éclairer » son hôte, et le capitaine se montra si bon élève qu'au bout de huit jours il étonnait le clergyman et le docteur du village par des syllogismes incendiaires.

A Cuckfield, Shelley fit la connaissance de l'institutrice du lieu, miss Hitchener, assez belle fille au profil romain, qui approchait de la trentaine. Miss Hitchener était républicaine. Elle avait aussi la réputation dans le village d'être romanesque et pédante ; elle se plaignait de son côté de n'être comprise par personne. Shelley, après avoir admiré comme il convenait la noblesse de son attitude, s'aperçut avec chagrin qu'elle était restée déiste, et lui proposa une correspondance au cours de laquelle il entreprendrait la cure de cette infirmité. Elle accepta.

Cependant le brave capitaine Pilfold partait hardiment à l'abordage de son beau-frère Timothy. Il eut l'ingénieuse idée d'enrôler pour son entreprise le duc de Norfolk, chef politique du parti libéral, et le snobisme triompha de la vanité paternelle. Shelley put rentrer à Field-Place avec tous les honneurs de la guerre ; on lui accordait une pension annuelle de 200 livres, sans conditions.

*
* *

Il pouvait enfin revoir Elisabeth, mais il la trouva si changée qu'il en fut atterré. Elle était plus gaie, plus vivante qu'autrefois, mais d'une incroyable frivolité. Il l'avait connue grave, enthousiaste; maintenant indifférente aux idées, occupée seulement d'amusements puérils, de bals, de conversations niaises, elle ne vivait plus que pour le « monde ».

Il essaya de lui montrer comme jadis les lettres de Hogg.

— Oh ! vous et votre absurde ami !... Tous les gens que je connais vous trouvent fous.

Sur quoi elle parla du mariage; elle ne pensait qu'à cela. Rien ne pouvait faire plus horreur à Shelley. Avait-elle oublié leurs lectures, les saines idées de Godwin.

— Le mariage est odieux et détestable, lui dit-il. Je me sens écœuré quand je pense à cette chaîne affreuse, la plus lourde que les hommes aient forgée pour attacher les âmes un peu fières. Le scepticisme et l'amour libre sont aussi nécessairement associés que la religion et le mariage. Les gens d'honneur n'ont pas besoin des lois... Pour l'amour de Dieu, Elisabeth, lisez *Le Service du mariage*, et voyez si un honnête homme peut soumettre un être aimable et aimé à une telle dégradation.

— Mais vous voulez pourtant que j'épouse votre Hogg.

— Oui, mais pas devant un clergyman et suivant la loi des hommes; librement et avec l'amour pour grand prêtre.

— Voilà donc les conseils que vous donnez à une sœur, Percy ! dit Elisabeth avec mépris.

Il était inutile d'espérer convaincre un esprit devenu futile au-delà de toute cure possible. « A quoi bon me tromper moi-même ? Elle est perdue, complètement perdue. L'intolérance l'a infectée. Elle ne parle plus que de conventions et de sottises. Ce qu'elle voudrait de moi, c'est que, comme un frère du "monde", je fisse le rabatteur dans la chasse au mari, eh bien, non ! »

Il n'était venu à Field-Place que pour revoir Elisabeth ; il n'avait plus qu'à partir. Les invitations ne lui manquaient pas ; le capitaine Pilfold l'aurait volontiers reçu à Cuckfield ; le père Westbrook allait passer les vacances en montagne et ses filles suppliaient Shelley de les rejoindre ; Hogg lui demandait de venir passer un mois à York, et c'était bien là ce qui le tentait le plus ; mais Mr. Timothy, qui attachait sans doute une valeur symbolique à la séparation des deux criminels d'Oxford, aurait été furieux de ce nouveau rapprochement et, comme le premier quart de la pension promise était payable le 1er septembre, il valait mieux être patient. Hogg écrivit, sur un ton plaisant, que sans doute la jolie Harriet Westbrook l'emportait sur un vieil ami. « Vos plaisanteries m'amusent, répondit Shelley. Si j'ai la plus faible idée de ce qu'est l'amour, je n'aime personne en ce moment. Mais j'ai des nouvelles des Westbrook que j'estime hautement toutes les deux. »

Comme il hésitait encore sur la direction à prendre, un cousin de sa mère lui offrit l'hospitalité dans un coin solitaire du pays de Galles : c'était un moyen de faire des économies en attendant sa pension, et il accepta.

En traversant Londres, il aurait voulu revoir miss Hitchener et déjeuner avec elle, mais l'institutrice au profil romain craignit que cette rencontre ne fût pas convenable. Puis il y avait une telle inégalité de condition entre elle et Mr. Shelley ! Mr. Shelley, indigné de cette pensée, écrivit une belle lettre sur l'égalité ; miss Hitchener y était appelée « la sœur de son âme ». Elle commença à penser que lady Shelley était un beau nom et à se regarder dans les miroirs.

VIII

Cette chaîne affreuse...

Les paysages du pays de Galles sont sauvages et beaux. Les rochers nus, les torrents encaissés, les gorges boisées enchantaient Shelley. Souvent il allait s'asseoir près de quelque chute d'eau ombragée pour lire les lettres de ses amis. Il restait, dans cette retraite, le directeur d'innombrables « âmes » : miss Hitchener, le fidèle Hogg, le capitaine Pilfold, terreur des dévots, Eliza et Harriet Westbrook, sans compter plus d'un inconnu.

Les Westbrook venaient de rentrer à Londres quand Shelley reçut de Harriet la lettre la plus triste et la plus inquiétante. Son père voulait la contraindre à retourner à cette école de Mrs. Fenning où elle avait été si malheureuse, où les élèves ne lui parlaient pas et ne répondaient même plus à ses questions, où les maîtresses la considéraient comme une fille perdue. Plutôt que de rester dans cette prison, elle était prête à se tuer. « Pourquoi vivre ? Personne ne m'aime et je n'ai personne que je puisse aimer. Le suicide est-il un crime pour un être inutile aux autres et insupportable à lui-même ? Puisqu'il n'y a pas de loi divine, la loi humaine peut-elle interdire un acte aussi naturel ? »

Une sorte de terreur saisit Shelley. La logique de l'écolière lui paraissait irréprochable. Ses leçons avaient fait cette élève. Mais pouvait-il lui répondre sèchement et l'abandonner à la mort ? Avant de désespérer elle pouvait lutter, refuser d'obéir. Il lui conseilla la fermeté et écrivit lui-même à Mr. Westbrook une lettre de reproches.

Le vieux cafetier fut indigné. De quoi se mêlait ce jeune aristocrate qui tournait depuis six mois autour de ses filles ? Eliza avait prétendu jadis qu'il épouserait Harriet, mais a-t-on jamais vu un futur baronnet épouser la fille d'un cafetier ? Ce monsieur Shelley cherchait sans doute tout autre chose que le mariage. D'ailleurs, Mr. Westbrook l'avait jugé le soir où, dans la chambre de sa fille, il l'avait invité à venir prendre un verre avec des amis. Mr. Shelley avait refusé avec dédain. Ami du peuple ? Egalitaire ? Le petit-fils de sir Bysshe Shelley, millionnaire ? Allons donc, ces gens-là sont tous pareils.

Harriet reçut l'ordre de se préparer à partir. Elle écrivit une dernière lettre à Shelley. Un projet un peu moins lugubre y prenait la place du suicide. Elle était malheureuse, trop persécutée ; elle était prête à fuir avec lui s'il y consentait.

Il prit aussitôt la diligence pour Londres, terriblement agité. Qu'il eût des devoirs envers cette enfant, c'était indiscutable. Il l'avait formée ; il avait contribué à lui faire une âme courageuse et incapable de supporter l'injustice. Une lettre de lui avait été la cause première de sa disgrâce. Mais s'il fuyait avec elle, de quoi vivraient-ils ? Où ? Comment ? Il n'avait aucune profession, aucun avenir. D'ailleurs, l'aimait-il ? Pouvait-il aimer encore après sa grande déception ? Pourtant

Harriet était charmante et l'idée d'un voyage avec la jolie malade qu'il avait vue un soir les cheveux dénoués, bien enivrante. Il était difficile d'écarter des images trop délicieuses.

Enfin il la vit. Elle était blanche, amaigrie, tragique.

— On vous a donc fait bien souffrir ?

— Mais non, mon ami, mais...

Elle hésitait à dire : « Mais je vous aime... » Sa pâleur, ses yeux attachés à ceux de Shelley, son émotion le disaient assez. La vérité était qu'elle l'aimait follement. Cette petite fille avait été transformée par lui. Avant de le connaître, elle avait les goûts normaux de son milieu. Elle admirait les habits rouges des soldats, et quand elle pensait à l'amour ses héros étaient militaires. Toutefois, quand elle pensait au mariage, elle voyait volontiers un mari clergyman. Shelley avait bouleversé ces passions raisonnables. Quand elle l'avait pour la première fois entendu parler de ses idées sur la religion et la politique, elle avait été épouvantée et s'était promise de le convertir. Mais la logique de Shelley l'avait écrasée dès le premier entretien. Matée par un esprit plus vigoureux que le sien, elle s'était humiliée avec délices; elle adorait maintenant et l'homme et la doctrine.

En voyant qu'il ne se décidait pas à la rejoindre, elle avait craint de ne plus jamais le revoir et exagéré ses souffrances pour faire accourir son héros.

Shelley n'admirait pas les chevaliers errants; leur conduite n'était pas rationnelle. Il lui semblait condamnable de consacrer à une femme une vie déjà vouée au service de l'humanité. Mais devant ce beau visage anxieux qu'il pouvait d'un seul mot colorer de bonheur, il oublia ses principes. Il tendit sa main à Harriet et lui dit qu'il était tout à elle. Par un reste de prudence il écarta l'idée d'une fuite immédiate; hâter les choses paraissait inutile et dangereux, mais Harriet pouvait se rassurer. Si l'on tentait de lui faire violence, elle n'avait qu'à l'appeler : où qu'il fût, il accourrait et l'emmènerait. Elle avait déjà repris le teint d'une fille de seize ans, et qu'on aime.

*

* *

Dès qu'il fut sorti de la chambre et qu'il ne vit plus cette enfant heureuse, Shelley soupira profondément et tomba dans une méditation sans fin.

Hogg, auquel il écrivit pour lui raconter la scène, répondit par une lettre vigoureuse dans laquelle il suppliait son ami de ne pas fuir avec Harriet sans l'épouser. Il savait Shelley hostile au mariage, mais essaya d'arguments puissants : « Si vous ne l'épousez pas, qui court un risque ? Vous ou elle ? Elle seule à coup sûr; c'est elle que le monde méprisera, c'est elle qui fera le sacrifice de sa réputation et de sa sécurité. Avez-vous le droit de le lui imposer ? » L'appel était adroit. L'égoïsme était de tous les sentiments celui qui faisait le plus horreur à Shelley. Mais il avait le sentiment de commettre, en se mariant, un acte honteux et immoral. Les chapitres de *Political Justice* contre les « chaînes matrimoniales » inquiétaient sa conscience. A ce moment, quelqu'un lui dit que le grand Godwin lui-même s'était marié deux fois, et cet exemple le rassura : « Oui, répondit-il à Hogg, il est inutile d'essayer par un exemple particulier de renouveler la forme de la société, jusqu'à ce que la raison ait opéré un changement si complet que l'innovateur cesse d'être exposé à des maux nombreux. »

Toutefois, il n'était pas pressé d'appliquer ses nouvelles idées. Son oncle Pilfold l'appelait à Cuckfield ; il savait y revoir la belle institutrice au profil romain, « sœur de son âme », dont il désirait achever l'initiation à la doctrine. En partant, il promit encore à Harriet de revenir à Londres à son premier appel.

Il fallait avoir dix-neuf ans pour concevoir le moindre doute sur ce qui allait se passer. Une jeune fille amoureuse, et qui se sait armée d'une telle promesse, ne peut résister longtemps. Avant qu'une semaine se fût écoulée un message urgent rappelait Shelley à Londres. Les persécuteurs voulaient une fois de plus livrer Andromède au Dragon scolaire, Shelley vit le mal sans remède, offrit la fuite et le mariage immédiat.

Le lendemain, la diligence d'Edimbourg emmenait vers le Nord ces deux enfants qui avaient ensemble trente-cinq ans. « Acte de volonté, non de passion », pensait le jeune chevalier, tandis que la diligence le cahotait en face de son exquise fiancée.

IX

Enfantines

Un couple d'amants jeunes, charmants et persécutés exerce une séduction à peu près irrésistible. Les habitants d'Edimbourg, qui ne passent pas pour sentimentaux quand on fait appel à leur bourse, ne purent s'empêcher d'accueillir avec une indulgence amusée ce ménage enfantin qui leur arrivait dans une misère si rayonnante. En quittant Londres Shelley avait emprunté quelques livres à un ami ; en arrivant à Edimbourg, il ne lui restait pas un penny. Il était inutile d'espérer recevoir aucun secours de Mr. Timothy que l'annonce de la fuite de son fils avait dû rendre fou furieux.

Cependant un propriétaire se contenta, pour louer un agréable rez-de-chaussée, du récit de leur aventure, de la vue de la beauté de Harriet et de la promesse d'un paiement rapide. Il fit mieux; il leur prêta la somme nécessaire pour manger pendant quelques jours et pour faire célébrer leur mariage suivant les lois si simples de l'Ecosse. Sa seule condition fut que, le soir des noces, Shelley et sa femme accepteraient de dîner avec lui et ses amis.

Ce fut donc au milieu de commerçants d'Edimbourg que le petit-fils de sir Bysshe célébra les fêtes de ses noces. Les vins et le spectacle de ces « jeunes époux » rendirent les honnêtes puritains un peu trop égrillards pour le goût de Shelley. Les plaisanteries devinrent risquées. La jolie Harriet, qui était modeste, rougit beaucoup et Shelley annonça que lui et sa femme allaient se retirer dans leur chambre. Un grand éclat de rire accueillit cette nouvelle.

Un peu plus tard, on frappa à leur porte. Shelley ouvrit : c'était leur hôte.

— C'est l'usage, ici, dit-il un peu ivre, que les invités à un mariage montent au milieu de la nuit et lavent la mariée dans le whisky.

— Je brûle la cervelle au premier qui pénétrera dans cette chambre, dit Shelley en montrant ses pistolets.

Sa voix tremblait, ses yeux brillaient comme jadis à Eton. Les commerçants d'Edimbourg jugèrent que ce jeune homme à tête de fille était plus dangereux qu'il n'en avait l'air, et lui souhaitant le bonsoir avec respect, redescendirent à toute vitesse.

Ainsi Shelley et Harriet se trouvaient mariés, libres et seuls dans une grande ville inconnue. Ils se regardèrent avec ravissement.

Quelques jours avaient suffi pour que le jeune mari, qui dans la diligence pensait avec mélancolie : « Action volontaire, non mouvement de passion », fût devenu tout à fait amoureux. Harriet était vraiment agréable à regarder ; toujours jolie, toujours fraîche et vive, toujours bien coiffée, sans mèches folles, elle avait l'air d'une fleur blanche et rose. Elle s'habillait très simplement, mais elle était toujours nette. Sans être vraiment cultivée, elle était remarquablement instruite. Surtout elle avait lu un nombre prodigieux de livres. Elle lisait d'ailleurs toute la journée et, par goût, des ouvrages moraux.

Son maître et amant lui avait communiqué le respect de la Vertu, et le Télémaque de Fénelon était son héros favori. Elle s'essayait souvent à prononcer les mots magiques « Intolérance, Egalité, Justice », et cette bouche enfantine tenait des propos qui eussent inquiété le lord Chancelier. Quant à la religion anglicane, elle l'ignorait aussi naïvement qu'eussent pu le faire Calypso ou Nausicaa.

Les enfants sont délicieux, mais leur société fatigante ; bien que Shelley fût sensible à tant de grâce, de gentillesse, de dévotion, il lui arrivait de regretter la conversation caustique de Hogg et l'enthousiasme éloquent de miss Hitchener. Il se demandait avec inquiétude ce que celle-ci allait penser de son mariage.

« *Ma très chère amie*, lui écrivait-il, *puis-je encore vous appeler ainsi ou ai-je perdu par l'équivoque de ma conduite l'estime des êtres sages et vertueux ?... Combien tous mes projets ont changé en une semaine, et que nous sommes esclaves des circonstances !... Vous vous demanderez comment moi, un athée, j'ai pu me soumettre à la cérémonie du mariage, comment ma conscience a pu y consentir ?... C'est ce que je veux vous expliquer.* » Sur quoi il démontrait à la suite de Hogg que la bonne réputation et les avantages qui y sont liés sont des biens dont on n'a pas le droit de dépouiller un être aimé. « *Blâme-moi si tu veux, ô la plus chère des amies, car tu es encore pour moi la plus chère !... Si Harriet n'est pas à seize ans ce que vous êtes à un âge plus avancé, aidez-moi à former en toutes choses cette âme vraiment noble et digne de vos soins. Charmante, elle l'est dès maintenant, ou je suis le plus faible des escla-*

ves de l'erreur. » La lettre se terminait par une invitation à venir les rejoindre à Edimbourg où la présence de Harriet enlèverait toute inconvenance à cette réunion. Miss Hitchener n'accepta pas. Peut-être le tutoiement poétique n'avait-il pas suffi à faire passer la phrase, vraiment malheureuse, sur les seize ans et l'âge plus avancé.

Mais si la vierge de Cuckpoint ne vint pas aider au modelage de l'âme d'Harriet, Shelley, entendant par un matin ensoleillé frapper à la fenêtre de son rez-de-chaussée, eut la joie de découvrir dans la rue, debout et un sac à la main, son ami Hogg qui, ayant obtenu de l'avoué de York quelques semaines de vacances, venait les passer à Edimbourg.

Hogg eut une réception triomphale. « Enfin nous nous retrouvons ! Nous ne nous séparerons plus jamais ! Il faut qu'on vous prépare un lit dans la maison. » Harriet parut ; Hogg fut charmé. Jamais il n'avait vu une femme aussi éclatante de jeunesse, de bonheur et de beauté. Le propriétaire fut amené de force. « Il faut un lit ! Tout de suite ! Un lit dans cette maison, c'est urgent, indispensable... » Quand on permit au pauvre homme de répondre, il put offrir une chambre au dernier étage.

Les trois amis avaient mille choses à se dire et à se demander ; tous parlaient en même temps, tandis qu'une petite servante apportait du thé avec de grands cris. Quand la joie fut un peu calmée, Shelley proposa une promenade et ils allèrent visiter le palais de Marie Stuart. Harriet, bonne élève de l'Académie de Jeunes Filles et grande lectrice de romans historiques, expliqua mille détails intéressants. En sortant de là Shelley s'excusa, il devait rentrer pour écrire des lettres, mais il désirait que Harriet fît faire à Hogg l'ascension de la colline d'où l'on découvre toute la ville.

Hogg admira beaucoup la vue et ils restèrent longtemps assis au sommet. Peut-être son guide lui plaisait-il assez pour lui faire trouver toute promenade agréable.

En descendant, Harriet s'aperçut que le vent violent relevait ses jupes et que Hogg, à la dérobée, regardait ses chevilles avec intérêt. Elle s'assit de nouveau sur le rocher et déclara qu'elle resterait là jusqu'à ce que le vent fût tombé. Hogg, qui mourait de faim, fit de grandes protestations et partit seul. Elle le suivit en courant. Ainsi commencèrent quelques semaines d'une vie délicieuse.

Seule la question d'argent était bien inquiétante, mais le brave oncle Pilfold envoyait de nombreux cadeaux. « Etre furieux contre son fils c'est très bien, disait-il, mais l'affamer, c'est une autre affaire. » D'ailleurs Hogg avait un peu d'argent, bien que Mr. Timothy eût pris la peine d'écrire à Mr. Hogg le père : « Je crois de mon devoir de vous prévenir que mon jeune homme vient de fuir en Ecosse avec une jeune personne du sexe et que votre jeune homme les a rejoints. »

Tous les matins, Shelley sortait pour aller chercher ses lettres, dont le nombre demeurait prodigieux. Après le *breakfast*, il écrivait ou travaillait à une traduction de Buffon qu'il avait entreprise. Harriet et Hogg allaient se promener. Si le temps était mauvais, Harriet faisait la lecture à Hogg. Elle aimait beaucoup lire à haute voix et lisait d'ailleurs très bien, avec une grande netteté d'articulation. Hogg entendit ainsi une grande partie de *Télémaque* et ne se plaignit jamais. Le sage Idoménée donnant les lois à la Crète était terriblement ennuyeux, mais la lectrice était si jolie qu'il l'eût écoutée sans ennui pendant des jours entiers. Shelley, moins poli, s'endormait parfois et se faisait rabrouer. Son ami se joignait à sa femme pour l'accabler de reproches comiques et Hogg trouvait un plaisir inconscient à faire cause commune avec Harriet.

On était en 1811, l'année de la comète et du bon vin. Les nuits étaient claires, et brillantes.

X

Ce qu'était Hogg

Comme les vacances de Hogg finissaient et qu'il lui fallait rejoindre son poste chez l'avoué de York, Shelley et Harriet qui n'avaient rien à faire à Edimbourg, ni d'ailleurs en nul lieu au monde, se décidèrent à le suivre. Devant eux un plan de vie se développait, simple et nécessaire. Ils resteraient à York, avec leur inséparable ami, pendant les quelques mois de la fin de son apprentissage, puis tous trois iraient à Londres et y passeraient le reste de leurs jours à écrire, à lire et à se faire la lecture les uns aux autres.

Pour ne pas trop fatiguer Harriet, ils louèrent une chaise de poste. Des deux côtés de la route les champs d'orge et de betteraves alternaient avec monotonie.

— Mais où est l'orge ? Où est la betterave ? disait Harriet.

— Oh ! petite fille des villes ! répondait Shelley avec indignation.

Hogg le moqueur se demandait dans son coin comment le sage Idoménée, si grand docteur en agriculture, n'avait pas mieux instruit sa disciple.

Pour charmer le long voyage, Harriet continuait à haute voix la lecture de *Télémaque*, Shelley poussait de grands soupirs :

— Harriet chérie, est-il indispensable de tout lire ?

— Oui, absolument.

— Vous ne pouvez pas sauter un peu ?

— Non, c'est impossible.

Au premier relais Shelley disparut. Il avait toujours eu l'étonnant pouvoir de s'évanouir dans les airs comme une elfe. Hogg finit par le retrouver au bord de la mer ; il regardait le soleil couchant d'un air mélancolique.

York lui déplut tout de suite et vivement. La grandeur théologienne et civile de la vieille capitale du Nord ne pouvait le toucher. Ils n'y trouvèrent pour tout logement que des chambres misérables. « Nous ne pouvons rester ici », dit Shelley.

Mais pour partir, il fallait de l'argent. Il décida d'aller à Cuckfield voir le brave capitaine Pilfold, protecteur des bons esprits. Là il pourrait rendre visite à miss Hitchener ; peut-être consentirait-elle à revenir avec lui à York, et en passant par Londres il ramènerait Eliza dont Harriet désirait la visite. Ainsi se trouveraient réunies, pour la première fois, toutes les sœurs spirituelles de Shelley.

Il prit donc la diligence ; Harriet et Hogg restèrent seuls. C'était une étrange et délicieuse situation. Ils étaient aussi libres dans cette ville étrangère qu'ils l'eussent été dans une île déserte, et Harriet trouvait un plaisir enfantin à jouer « au ménage » avec un compagnon si jeune et si divertissant. Le ton sarcastique de Hogg l'amusait beaucoup et faisait un contraste reposant avec la gravité ardente, d'ailleurs si admirée par elle, de Shelley. Hogg lui avait fait à Edimbourg et pendant le voyage mille compliments, ce qu'elle ne trouvait pas si ridicule. Percy était toujours un peu le « professeur » ; il lui avait appris ce qu'elle savait ; il corrigeait gravement ses erreurs ; il connaissait ses talents. Hogg, au contraire, admirait tout. Il remarquait ses robes, ses coiffures. Il écoutait *Télémaque* en louant la voix de la lectrice. Il était toujours de bonne humeur. C'était bien agréable.

L'état d'esprit de Hogg était différent et beaucoup moins pur. A vivre tout le jour auprès de cette charmante fille avec laquelle Shelley le laissait si volontiers seul et que la famille des Westbrook n'avait peut-être pas élevée à observer toute la réserve qu'il eût fallu, il s'était pris rapidement à la désirer avec force. D'abord il s'était dit que c'était là une pensée affreuse, et que la femme d'un ami aussi tendrement aimé ne pouvait être une femme pour lui. Mais l'Intelligence est une procureuse, et la sienne, qui était vive, s'était mise, comme elle fait toujours, au service de ses instincts soulevés.

« Est-ce ma faute, se disait-il, si Shelley la jette dans mes bras ? A-t-on idée de passer les jours à écrire des lettres sur la Vertu quand on a chez soi cette merveille ? Car elle est ravissante. Quand elle passe aux fenêtres... D'ailleurs Shelley l'aime-t-il ? Il la traite avec un air de protection affectueux, mais assez méprisant, et il n'a pas tout à fait tort... Qu'est-ce que Harriet ? La fille d'un cafetier... elle ne peut être bien farouche. »

Depuis qu'il connaissait Shelley, deux sentiments contradictoires avaient toujours lutté dans son esprit. Il admirait le courage moral, la franchise de son ami, sa loyauté ardente. Il reconnaissait dans cette âme un diamant pur et unique, mais, en même temps, le côté « humoriste » de son esprit était sensible au comique de tant de déclamations véhémentes, de cette activité fébrile qui travaillait toujours à vide. Il avait été à Oxford le Sancho cultivé, humaniste et railleur de ce don Quichotte à boucles blondes ; il s'était fait rosser avec lui par de terribles moulins à vent. Pendant les premiers temps de leur amitié et jusqu'à leur rencontre à Edimbourg, l'admiration l'avait emporté, l'ironie se contentant de colorer sa rivale victorieuse d'un reflet fugitif et tendre. Maintenant, attisée par une passion complice, l'ironie grandissait à vue d'œil.

Le premier jour de l'absence de Shelley, en sortant de son étude, il alla chercher Harriet pour la promener au bord de la rivière. Il la regardait avec ravissement et lui dit mille folies. Elle parlait de son mari dont elle attendait impatiemment le retour, d'abord pour le revoir, ensuite parce qu'il devait lui ramener sa chère sœur Eliza :

— Eliza est très belle, vous verrez ; elle a de beaux cheveux noirs ; elle est très intelligente... C'est elle qui m'a toujours guidée dans les moments importants de ma vie...

— Vous avez donc eu des moments importants dans votre vie, petite fille ?

Harriet raconta ses malheurs à l'école, son mariage ; elle resta un moment silencieuse, occupée par des souvenirs, puis demanda :

— Que pensez-vous du suicide ? Vous n'avez jamais songé à vous tuer ?

— Jamais, dit Hogg, vous non plus, j'espère.

— Si, moi, très souvent... Même à l'école il m'arrivait de me lever la nuit avec l'intention de me tuer. Je regardais par la fenêtre... Je disais adieu à la lune, aux étoiles, aux élèves endormies... Et puis je me recouchais et me rendormais.

Ils continuèrent leur promenade en échangeant des confidences, puis rentrèrent à la maison et se mirent à faire le thé, cérémonie pendant laquelle Hogg était toujours très amusant. Puis Harriet proposa de lire à haute voix. Hogg ne sut jamais ce qu'elle avait lu ce soir-là, et quand elle lui dit : « Bonne nuit ! » en se retirant dans sa chambre, il pensa : « Peut-elle être bonne ? »

Le lendemain, dès qu'il la revit, il lui dit qu'il l'aimait follement.

Harriet fut très émue et très indignée. Et pour une petite fille de seize ans elle se défendit assez bien. Elle parla de Shelley, de la vertu : « Est-ce que vous ne voyez pas l'horreur de votre conduite ? Percy m'a confiée à votre protection et vous abusez de sa confiance... Mais je suis sûre que vous êtes déjà guéri... Je vous supplie de ne plus me dire un mot de tout cela... Même, pour ne pas attrister Shelley qui a tant de foi en vous, je ne lui en dirai rien. »

Elle parlait avec animation. Les déclarations sont les batailles de la jolie femme et le bon soldat ne déteste pas le combat. La vaillante Harriet fut victorieuse ; Hogg promit d'être sage.

Le soir, quand il rentra de l'étude, il vit, assise à côté de Harriet, sur le divan, une grande femme aux cheveux noir corbeau, au teint blafard, à l'aspect chevalin :

— Hogg, dit Harriet, c'est Eliza... Elle est venue : c'est gentil, n'est-ce pas ?... Eliza, c'est Hogg, notre grand ami, dont Shelley vous a si souvent parlé.

Eliza inclina sèchement la tête.

— Je croyais que vous deviez rentrer avec Shelley, dit Hogg.

— *Oh! dear not!* dit Eliza, et elle continua sa conversation avec Harriet, sans s'occuper de l'arrivant.

Hogg n'était pas habitué à un tel traitement dans cette maison : « C'est cela, Eliza ? pensa-t-il. Elle est affreuse et vulgaire... Voici mon tête-à-tête interrompu... Peut-être est-ce mieux ainsi... mais c'est odieux tout de même... »

— Harriet chérie, dit-il à haute voix, est-ce qu'on ne prend pas le thé aujourd'hui. Vous ne prenez pas le thé, miss Westbrook ? dit-il poliment en se tournant vers Eliza.

— *Oh ! dear not !* dit Eliza.

— Et vous, Harriet ?

— Moi non plus.

Hogg résigné fit son thé lui-même et le but seul en silence.

A partir de ce moment, cet intérieur lui devint insupportable. Eliza avait pris le commandement, ou plutôt elle l'avait repris. Elle avait dirigé Harriet pendant toute son enfance ; elle avait dû l'abandonner à Shelley pendant les quelques semaines indispensables au mariage ; elle rentrait maintenant dans ce ménage comme un capitaine sur son bateau, hissait son pavillon au mât et ne tolérait plus d'autre maître à bord.

Elle commença par critiquer sévèrement la conduite de Shelley : « Alors, si je n'étais pas arrivée, il vous laissait ainsi seule avec un jeune homme... C'est inconcevable... Juste ciel ! Que dirait miss Warne ?... Et ce jeune homme vous appelle Harriet chérie ? Et vous le tolérez ! »

Dès que Hogg proposait une promenade :

— Vous n'y pensez pas, disait Eliza, Harriet est très fatiguée, très souffrante...

— Harriet ? disait Hogg stupéfait... Qu'est-ce qu'elle a, mon Dieu ?

— Elle a les nerfs en très mauvais état ; il faut être aveugle pour ne pas le voir.

Et si Harriet voulait lire à Hogg les chastes préceptes d'Idoménée, dont il avait si grand besoin : « Lire à haute voix, Harriet ? disait Eliza. Et vos pauvres nerfs ?... Juste ciel !... Que dirait miss Warne ?... »

— Mais qui diable est miss Warne ? demanda Hogg à voix basse à Harriet, profitant d'un moment où la redoutable Eliza s'était enfermée dans sa chambre.

— C'est la grande amie d'Eliza... Nous tenons beaucoup à son opinion.

— Pourquoi ? Est-ce une personne remarquable par sa naissance, par son éducation ?

— Miss Warne ? Oh ! non. C'est la fille du propriétaire d'un bar, comme nous-mêmes.

Hogg soupira et leva les yeux au ciel.

— Et qu'est-ce qu'elle fait, Eliza, dans sa chambre ? Est-ce qu'elle lit ?

— Non.

Harriet se pencha vers lui et dit d'un air mystérieux :

— Elle se brosse les cheveux.

— Alors sortons, Harriet.

Harriet refusa d'abord, mais comme le brossage de cheveux se prolongeait, elle consentit à accompagner Hogg pendant quelques minutes.

Il avait, depuis sa première tentative, respecté sa promesse d'être sage et elle en était à la fois heureuse et désappointée. Sûre de sa vertueuse force de résistance, il ne lui déplaisait pas de l'éprouver. Sur le pont, Hogg s'arrêta. La rivière gonflée charriait, avec une extrême rapidité, toutes sortes de débris tournoyants.

— Harriet chérie, ne trouvez-vous pas qu'Eliza ferait très bien au fil de l'eau... Elle tourbillonnerait avec ses cheveux noirs comme cette poutre de bois... Et, juste ciel ! que dirait miss Warne ?

Harriet détourna la tête et éclata de rire : Hogg était sacrilège, mais bien drôle vraiment.

— Comme vous avez un joli rire... si sain, si gai, *dear* Harriet !

La vaillante Harriet sentit le combat proche.

XI

Ce qu'était Hogg (suite)

Shelley revint le lendemain plus tôt qu'on ne l'attendait. Rien ne lui avait réussi. Mr. Timothy refusait de le voir ; pour des motifs très différents de ceux de son fils, il considérait lui aussi la cérémonie du mariage comme le crime essentiel.

— J'aurais volontiers, dit-il au capitaine Pilfold, payé l'entretien d'enfants illégitimes. Mais épouser ?... Ne me parlez plus de lui.

Miss Hitchener, effrayée des calomnies possibles, avait refusé d'accompagner Shelley ; en traversant Londres, il avait appris qu'Eliza ne l'avait pas attendu ; il rentrait fatigué et mélancolique et espérait trouver le repos entre sa femme et son ami.

Dès son arrivée il sentit dans toute cette petite société un air de gêne et de contrainte. Eliza, enfermée dans sa chambre, brossait ses cheveux tout le long du jour. Hogg et Harriet, au lieu de se taquiner autour de la théière avec de grands éclats de rire, se tenaient très loin l'un de l'autre, et lorsque Hogg parlait à Harriet, elle lui répondait d'un ton sec et plein de mystère.

— *Dear* Harriet, dit Shelley, dès qu'ils furent seuls, je n'aime pas l'attitude hautaine que vous prenez à l'égard de Hogg... Il est mon meilleur ami ; il vient de vous tenir compagnie pendant mon absence. Si vous avez maintenant votre sœur, ce n'est pas une raison pour négliger un homme que je considère, moi, comme un frère.

Harriet soupira. « Joli ami », dit-elle, d'un air tout chargé d'insinuations.

Shelley, étonné, la pressa de s'expliquer. Elle raconta :

— Il m'a fait deux déclarations... Une première fois il m'a dit qu'il m'aimait follement... J'ai essayé de plaisanter... Je l'ai fait taire... J'ai cru que c'était fini et me proposais même, pour ne pas vous inquiéter, de ne pas vous en parler... Mais hier il a recommencé... Il m'a dit qu'il ne pouvait plus vivre sans moi, qu'il se tuerait si je n'étais pas à lui.

Shelley se sentit devenir glacé. Une étrange sensation de mort subite arrêta son cœur.

— Hogg ? Hogg a fait cela... mais ne lui avez-vous pas montré ?...

— Oh ! je lui ai dit tout ce qu'on pouvait dire... qu'il manquait à l'amitié... qu'il trahissait votre confiance... « Qu'importe tout cela quand on aime ? m'a-t-il répondu. Il convient à Shelley qui est un froid et pur esprit de discourir sur la vertu, mais moi, je vous aime, le reste n'est rien... D'ailleurs, quel mal ferions-nous à Shelley ? Il ignorera toujours. Pourquoi ne pas me promettre votre amour si vous lui gardez votre affection ?... S'occupe-t-il donc tellement de vous ?... »

— Il a dit cela ?

— Oui et bien d'autres choses... Il a dit que vous mêlez le raisonnement partout où il n'a que faire, que vous êtes ardent pour des chimères et glacial pour les sentiments qui, seuls, comptent dans la vie. J'ai répondu aussi bien que j'ai pu.

Shelley s'était laissé tomber sur un divan. Il lui sembla que sur le monde s'étendait soudain un voile gris. Un affreux vertige moral faisait tourbillonner ses idées. Il frissonnait.

« Que Hogg ait essayé de séduire ma femme, et qu'il ait choisi pour cela le moment où je l'avais confié à sa protection... Ce visage que je regardais avec tant d'affection... Je pensais que si le monde pouvait le regarder comme moi, son air de loyauté y ramènerait la paix... Jamais rien de plus scélérat... Et pourtant sa conduite à Oxford, si noble, si désintéressée... Il faut que je lui parle, il faut que je raisonne avec lui... »

Il embrassa Harriet longuement et pria Hogg de le suivre hors de la ville. Hogg s'attendait à une scène et s'y était préparé. Il ne nia rien.

— Oui, c'est vrai... J'ai aimé Harriet depuis le premier jour où je l'ai vue à Edimbourg... Est-ce ma faute ? Je suis ainsi fait que la beauté des femmes me transporte. Harriet est admirablement belle... Je vous le répète, je l'ai aimée tout de suite.

— Ce n'est pas de l'amour, c'est du désir. C'est un instinct vulgaire. Ce n'est pas cette noble passion qui arrache l'homme à l'animal... De l'amour ? Réfléchissez, Hogg : l'amour suppose l'oubli de soi-même et la recherche du bonheur de son objet ; vous ne pouvez faire que le malheur de Harriet... Donc votre sentiment n'est pas de l'amour ; c'est au contraire de l'égoïsme...

— Appelez-le comme vous voulez... Qu'importe le mot ?... C'est une passion terrible ; j'aurais essayé de lui résister si je ne l'avais sentie invincible.

— Aucune passion n'est invincible... La volonté

vient à bout de tout... Si vous aviez pensé à moi... Je vous assure que je me sens plus vieux, plus fané par cette révélation que par vingt ans de misère... Je sens mon cœur flétri... Et cette pauvre Harriet... croyez-vous que tout ceci ne soit pas pénible pour elle ?

Hogg était pâle, affaissé, il semblait honteux et malheureux, et il l'était. Lui aussi aimait Shelley et se jugeait sévèrement : « Pas une femme, pensait-il, ne vaut le sacrifice d'un tel ami. » Et tout haut :

— Je regrette ce qui s'est passé, Shelley ; j'essaierai d'oublier ; je voudrais votre pardon et celui de Harriet, et nous pourrons reprendre la vie comme avant. Ne soyez plus irrité contre moi.

— Je n'ai aucune colère contre vous ; je hais votre faute, non vous-même. J'espère que le moment viendra où vous regarderez votre horrible erreur avec autant de dégoût que moi. Ce jour-là, vous n'en serez plus responsable. L'homme qui regrette n'est plus l'homme qui a été coupable. Et ce n'est certes pas moi qui reprocherai à votre Moi présent et purifié les erreurs de votre Moi disparu.

Il se sentait si heureux d'avoir dominé sa colère et sa jalousie, et trouvé pour Hogg le chemin du salut, qu'il en avait presque oublié l'offense.

Mais les femmes sont moins indulgentes. Quand Shelley rentra et raconta qu'il avait pardonné au coupable : « Quoi ! dit Eliza, vous prétendez continuer à vivre avec cet homme ?... Juste Ciel ! que deviendraient les pauvres nerfs de Harriet ?... » Le lendemain, lorsque Hogg rentra de l'étude, il trouva la maison vide.

XII

Premières rencontres avec l'âge mûr

Shelley et ses femmes, en fuyant le déplorable Hogg, avaient décidé de se diriger vers la délicieuse région des Lacs. Une raison sentimentale, assez semblable à celle qui lui avait fait aimer la rue de la Pologne, l'attirait dans cette province. Deux grands poètes libéraux, Southey et Coleridge, l'habitaient depuis longtemps, et un heureux hasard pouvait faire que Shelley les rencontrât. Rien ne lui aurait été plus agréable que de connaître enfin les rares grands hommes qui partageaient ses idées.

Ils louèrent à Keswick un petit cottage fleuri. Ils n'avaient pas la jouissance du jardin, mais le propriétaire (qui considérait Shelley et Harriet comme des enfants égarés) les autorisa à y jouer. Bientôt le facteur sentit le poids du courrier de Shelley.

Il y avait d'abord la correspondance avec Hogg, qui était bien décourageante. Il écrivait à Harriet de longues lettres où il jurait en même temps de la respecter et de l'adorer éternellement. De cet amour trop constant Harriet était excédée et fière. Quand Shelley disait :

« Avec le temps et l'éloignement Hogg oubliera », elle secouait la tête d'un air sceptique. Sincèrement désolée des blessures infligées à son admirateur, elle l'eût été presque autant de découvrir que ces blessures n'étaient pas mortelles : « L'éloignement, disait-elle, apaise les petites passions, mais il augmente les grandes. » Quand Hogg écrivit : « J'aurai le pardon de Harriet où je me brûlerai la cervelle à ses pieds », elle triompha tristement. Aucun coup de feu ne vint troubler leur solitude fleurie ; elle en fut rassurée et désappointée.

Puis il y avait les lettres de miss Hitchener qui, depuis la décadence de Hogg, était devenue la seule confidente. Presque chaque jour partaient à son adresse quelques pages pressantes et vertueuses. Harriet elle-même ajoutait aux discours passionnés de son mari de chaudes invitations à venir les rejoindre.

Le duc de Norfolk habitait dans les environs. Il avait une première fois réconcilié Shelley avec son père, et comme la question d'argent se faisait de plus en plus grave, ils décidèrent de lui écrire. Sa Grâce répondit aimablement en invitant Mr. Shelley, sa femme et sa belle-sœur à venir passer le *week-end* au château. Elle s'intéressait au jeune rebelle, peut-être par naturelle bienveillance, peut-être aussi parce qu'il était de son devoir de chef de parti politique de s'assurer les bons sentiments d'un jeune homme qui semblait destiné à devenir, à sa majorité, membre du Parlement et héritier de 6 000 livres de rente.

Harriet fit bonne figure au château de Greystoke. La duchesse, à laquelle on avait raconté l'étrange mariage de Shelley, fut agréablement surprise par la bonne mine et la culture de sa femme. Même Eliza ne déplut point. Ce voyage eut le meilleur résultat. Mr. Westbrook, quand il sut que ses deux filles avaient passé quelques jours chez un duc, et que son gendre y était arrivé avec une guinée dans sa poche, se sentit tout à coup porté à une grande générosité et il accorda au jeune couple une pension de deux cents livres par an. Mr. Timothy ne pouvait se montrer plus avare, surtout quand son suzerain et chef lui demandait d'être pitoyable. Il rétablit, lui aussi, ses deux cents livres par an : tout danger de misère était écarté.

Mais le plus important, aux yeux de Shelley, était d'avoir obtenu ce résultat sans faire aucune concession : « Je crois de mon devoir, écrivit-il à son père, de vous dire que, quelque avantage qui puisse en résulter pour moi, je ne puis promettre de dissimuler mes opinions en matière religieuse ou politique... Une telle méthode serait indigne de vous et de moi. » Mr. Timothy répondit : « Si je vous accorde une pension, c'est uniquement pour vous empêcher d'escroquer les étrangers. » Il était décidément incapable de comprendre certaine hauteur de sentiments.

*
* *

Chez le duc de Norfolk, Shelley avait rencontré un ami de Southey qui lui avait offert de l'emmener chez le poète. Ainsi, pour la première fois, il allait voir en chair et en os un écrivain qu'il admirait.

Southey surprit au plus haut point Shelley qui associait l'idée d'un poète aux objets les plus charmants et les plus aériens. Il trouva, dans une maison assez riche et bien chauffée, une Mrs. Southey qui ressemblait beaucoup plus à une ménagère qu'à une Muse. Elle avait été couturière et reliait les livres de son mari avec des morceaux d'étoffe. Ses armoires à linge étaient les lieux consacrés où elle exerçait son génie, et elle parlait d'argent, de cuisine et de servantes comme les matrones les plus détestables. Le poète ne paraissait pas s'apercevoir de tant d'ignominie. Il semblait brave homme, mais raisonnait mal. Il avouait que la société devait être transformée, mais ajoutait qu'elle ne pouvait l'être que très lentement. Il se servait de l'horrible formule : « Nous ne le verrons, ni vous, ni moi » ; il était hostile à l'émancipation des catholiques irlandais et à toutes les mesures vraiment radicales. Disgrâce suprême, il se disait chrétien. Shelley sortit de là désolé.

Le bon Southey était loin de se douter de l'impression produite : « Etrange garçon, pensait-il après le départ de son visiteur... Son plus grand chagrin paraît être de se savoir l'héritier d'un immense domaine, et il est aussi inquiet de ses six mille livres par an que je l'étais à son âge de n'avoir pas un penny... A part cela, je crois voir mon propre fantôme. Il se croit athée ; il n'est que panthéiste. C'est une maladie de jeunesse par laquelle nous passons tous. Il est bien tombé, et ne pouvait venir chez un meilleur médecin. Je lui ai prescrit une cure de Berkeley et à la fin de la semaine il sera berkeleyen... Il a été bien surpris de rencontrer pour la première fois de sa vie un homme qui le comprenne... Enfin que Dieu nous aide ! Le monde a besoin d'être amélioré. Ce jeune monsieur Shelley ne s'y prend pas tout à fait comme il faudrait, mais je ne désespère pas de le convaincre qu'il peut faire beaucoup de bien avec ses six mille livres par an. »

Ainsi la Jeunesse et l'Age mûr s'étaient rencontrés en chemin, la Jeunesse regardait l'Age mûr avec un respect impatient. L'Age mûr contemplait la Jeunesse avec une bienveillante ironie et se promettait de la dominer aisément par la force d'un esprit plus formé. L'Age mûr oubliait que les esprits des générations successives sont aussi imperméables les uns aux autres que les monades de M. Leibniz.

Southey et sa femme firent tout ce qui était en leur pouvoir pour aider le ménage Shelley. Le poète, très populaire dans le pays, alla voir le propriétaire du cottage et obtint que le loyer fût diminué. Mrs. Southey donna à Harriet, si incompétente en choses du ménage, de très bons conseils sur la cuisine et le blanchissage. Même elle lui prêta du linge de lit et de table. C'était là de sa part la plus grande marque de bienveillance. Mais une découverte que fit Shelley vint rendre inutiles ces timides avances de l'Age mûr.

Il trouva par hasard dans une revue un article de Southey où l'abominable vieux roi d'Angleterre était appelé « le meilleur monarque qui eût jamais occupé un trône ». C'était évidemment une flatterie un peu grosse, mais Southey désirait devenir poète lauréat et le chemin des honneurs officiels est difficile à parcourir. Shelley ne pardonnait pas ce genre de bassesse ; il informa Southey qu'il le considérait désormais comme un esclave à gages, un champion du crime, et renonçait à le voir.

*
* *

Il se souciait d'ailleurs bien peu, à ce moment précis, de Southey. Ne venait-il pas de découvrir que Godwin, le grand Godwin, l'auteur de *Political Justice*, le destructeur du mariage, l'ennemi de la divinité, l'athée, le républicain, le révolutionnaire Godwin vivait encore, habitait Londres, avait une adresse comme tout le monde, enfin qu'il était possible d'envoyer des lettres vertueuses au prophète même de la vertu.

« *Vous serez surpris,* écrivait-il, *de recevoir une lettre d'un étranger. Aucune présentation n'a autorisé (et aucune probablement n'autorisera) ce que le vulgaire appellerait cette liberté ; c'est une liberté qui, bien que non sanctionnée par l'usage, est loin d'être blâmée par la raison. Les plus chers intérêts de l'humanité demandent impérieusement que l'étiquette à la mode ne tienne pas l'homme à distance de l'homme.*

« *Le nom de Godwin a toujours excité en moi des sentiments de respect et d'admiration. Je m'étais accoutumé à le considérer comme une lumière trop brillante pour l'obscurité qui l'entoure... Vous ne serez donc pas surpris de l'inconcevable émotion avec laquelle j'ai appris votre existence et votre logement. J'avais fait figurer votre nom sur la liste des morts illustres ; il n'en est pas ainsi, vous vivez et, j'en suis convaincu, préparez encore le bonheur du genre humain.*

« *Pour moi, je viens seulement d'entrer sur le théâtre de mes travaux, et pourtant mes sentiments et mes raisonnements sont ce qu'étaient les vôtres. Ma vie a été courte, mais agitée... Les mauvais traitements que j'ai soufferts ont imprimé plus profondément dans mon esprit la vérité de mes principes...* »

Quand William Godwin reçut cette lettre, elle lui fit un plaisir assez vif. Après avoir été célèbre au moment de la publication de *Political Justice*, il était retombé dans une relative obscurité. Lui aussi, et plus justement que son romanesque disciple, pouvait parler de sa vie agitée. Clergyman dans sa jeunesse, il était devenu à trente ans athée et républicain. En 1793, il avait publié son fameux livre. Mr. Pitt avait failli lui faire l'honneur de poursuites judiciaires, mais le prix élevé de l'ouvrage, qui se vendait six guinées, avait paru au ministre une suffisante protection contre les dangers de la doctrine. Quatre ans plus tard Godwin avait épousé Mary Woolstonecraft, femme de lettres géniale avec laquelle il vivait. Elle était morte en mettant au monde une fille, et l'adversaire enragé du mariage s'était presque aussitôt remarié avec une veuve, Mrs. Clairmont, qui habitait la maison voisine et lui avait dit, de son balcon : « Est-il possible, vraiment, que je contemple l'immortel Godwin ? »

La vie de ce ménage était pénible. Il y avait cinq enfants, produits de quatre croisements différents : une fille de Mary Woolstonecraft et de Godwin, fille du génie par le génie, qui se nommait Mary ; deux enfants du premier mariage de Mrs. Clairmont, Jane et Charles ; un très jeune garçon, fils de Godwin et de Mrs. Clairmont ; et enfin une jeune fille qui n'appartenait plus à personne de la maison, reste d'un premier mariage de Mary Woolstonecraft. C'était la douce et charmante Fanny Imlay, Cendrillon de la maison Godwin.

La seconde Mrs. Godwin portait des lunettes vertes, avait mauvais caractère et traitait durement Mary et Fanny. Pour faire vivre toutes ces familles, Godwin avait entrepris une affaire d'édition pour enfants, et Mrs. Godwin tenait la librairie. La vie du philosophe était triste et difficile, terriblement privée de joies de vanité. Un disciple tombant de Keswick et qui écrivait élégamment arrivait bien à propos. Pour un éditeur de livres d'enfants, submergé par les lettres de change, rien de plus nécessaire que de connaître un homme au moins qui le considère comme une lumière trop brillante pour qu'on la contemple.

Il répondit que la lettre l'avait intéressé, mais qu'il aimerait avoir sur son correspondant des détails un peu plus personnels. Il reçut par retour du courrier une autobiographie complète où Mr. Timothy et le doyen d'Oxford jouaient des rôles peu honorables. Il fut informé que Shelley était héritier de six mille livres de rente, qu'il avait épousé une femme ayant les mêmes idées que lui, qu'il avait publié deux romans, une brochure et que d'ailleurs il enverrait le tout à son maître. Cette lettre si romanesque fut lue avec un grand intérêt par toutes les jeunes filles de la famille Godwin-Clairmont, mais embarrassa un peu l'auteur de *Political Justice*. Depuis qu'il était père de famille, il en était venu à reconnaître l'autorité paternelle. Il conseilla l'humilité. Peut-être ce Mr. Timothy Shelley avait-il agi pour le bien de son fils. Il ne faut pas trop juger quand on est jeune et surtout ne pas publier ses jugements. « A l'âge où l'on doit être un élève, pourquoi avoir l'intolérable démangeaison de devenir un maître ? »

Si tout autre que le vénérable Godwin avait écrit cette lettre, il eût été classé aussitôt parmi les champions payés de l'intolérance, mais la jeunesse a tellement besoin de hiérarchie et d'autorité que, même révoltée, elle adopte un directeur de conscience devant lequel elle s'abaisse avec délices. Plus que toute autre l'âme mystique de Shelley avait besoin d'adorer. « Je ne demande, répéta-t-il, qu'à être un élève ; mon humilité et ma confiance sont complètes, quand je suis certain qu'on ne cherche pas à me tromper et que je me trouve en présence d'un talent indiscutablement supérieur. »

Enthousiasmé d'avoir trouvé Godwin, il se mit à bâtir les projets les plus vastes. Transformer et joindre à la sienne la destinée d'autres âmes lui paraissait tout à fait facile. N'avait-il pas réussi dans le cas de Harriet et d'Eliza ? Rien de plus simple que de louer une immense villa au pays de Galles et d'y réunir miss Hitchener, son « vénérable ami Godwin » et la « charmante famille » de celui-ci.

Mais auparavant, un peu piqué du scepticisme de son maître, il voulait prouver par un exemple éclatant que malgré son âge il pouvait agir. Avant de s'installer pour la vie dans la Maison de la Méditation, il irait passer quelques mois en Irlande avec Harriet et Eliza et tous trois y travailleraient à hâter l'émancipation des catholiques et, de façon plus générale, à améliorer le sort de ce triste pays. Comment la blonde Harriet et Eliza aux cheveux bien brossés pourraient-elles émanciper les catholiques ? Cela n'était pas clairement expliqué. Mais Shelley emportait avec lui une *Adresse aux Irlandais* si remplie de philosophie, d'amour et d'humanité et de sages conseils, qu'il semblait impossible que par sa seule lecture les cœurs ne fussent pas touchés.

Ainsi le jeune chevalier aux yeux étincelants s'embarqua pour conquérir l'Ile verte. Un manuscrit était sa lance ; la belle Harriet, sa dame ; la noire Eliza, son écuyer, chargé de l'argent, du ménage et de toutes les basses besognes.

XIII

Bulles de savon

Le chevalier de la Triste Figure s'était fait lapider par les galériens qu'il avait voulu délivrer. Shelley fut reçu à coups de sifflet quand, dans un meeting de catholiques, il déclara qu'on avait bien tort d'écarter les Irlandais des fonctions publiques à cause de leur religion, car toutes les religions se valent. Ses auditeurs préféraient cent fois le fanatisme de leurs persécuteurs au scepticisme de leur défenseur.

La fameuse *Adresse* était sur le même thème. Elle démontrait que l'émancipation des catholiques est un pas sur le chemin de l'émancipation totale, que la bonté et non l'habileté doit être le principe de toute politique, et qu'enfin, avant d'attendre leur libération des Anglais, les Irlandais devaient se libérer eux-mêmes en devenant tempérants, justes et charitables. Shelley croyait que sa doctrine irait droit au cœur des pauvres gens de Dublin. Pour prêcher cet évangile, il était prêt au martyre.

Harriet n'était pas moins enthousiaste et l'activité réformatrice prenait en elle un aspect charmant. Les poches bourrées de pamphlets, le ménage enfantin se promenait dans Sackville Street. Quand ils rencontraient un homme ou une femme « à l'air possible », ils lui glissaient un papier rédempteur. Du balcon de leur petit appartement, ils répandaient encore les saines doctrines en laissant tomber des *Adresses* sous le nez des passants sympathiques. Quand Shelley en jetait une adroitement dans le capuchon d'une vieille dame distraite, Harriet s'enfuyait en éclatant de rire. L'évangélisation des Irlandais était le plus drôle des jeux.

Les amis de Shelley, Godwin, miss Hitchener, s'attendaient chaque jour à ce qu'il fût arrêté ; l'institutrice évoquait même les assassinats politiques. Mais le château de Dublin parut apprendre sans terreur qu'un jeune Anglais, de seize à vingt ans, avait fait un discours moral. La police transmit au secrétaire d'Etat un exemplaire de l'*Adresse*. Ce document, où Shelley recommandait à ses frères irlandais la tempérance et la charité, fut jugé tout à fait humoristique par les fonctionnaires de la Couronne.

L'impunité était décourageante ; les mœurs des Irlandais ne l'étaient pas moins. « Ils boivent beaucoup de whisky, disait la bonne Harriet, parce que la viande est trop chère. » Quand Shelley faisait appel à la pitié des policemen en faveur d'un malheureux arrêté pour vol ou désordre, le policeman, avec tristesse et bonté, lui montrait que son client était ivre. Le soir de la Saint-Patrick, jour où Dublin boit sec, comme il y avait bal au château, Percy et Harriet virent les affamés faire la haie pour admirer les toilettes. Ce manque de dignité désespéra Shelley.

Pour donner l'exemple de la simplicité, ils s'étaient mis tous trois au régime végétarien. Shelley se délivrait ainsi des remords que lui donnaient les « horreurs de l'abattoir » et les « massacres de volailles ». On ne faisait infraction à la règle que si Mrs. Nugent venait dîner. C'était leur seule amie à Dublin, de son métier couturière. Une des difficultés de leur mission était en effet qu'ils ne connaissaient aucun de ces Irlandais qu'ils aimaient de tout leur cœur. « Je suppose, disait Harriet, que nous les connaîtrons tous d'un seul coup lorsque Percy sera célèbre. »

Mais Percy lui-même était découragé. Dans le pays des Constructions Irréelles qu'il habitait presque toujours, l'Irlande opprimée était une belle figure féminine et fière, Shelley un chevalier et un apôtre prêt à combattre et à souffrir pour elle; des foules en haillons le suivaient dans les rues; de barbares soldats anglais l'arrêtaient et le flagellaient; mais l'héroïque douceur de ses enseignements charmait les oppresseurs eux-mêmes, et la philosophie faisait le miracle de réconcilier les nations ennemies.

Lentement cette vision animée et brillante se dissipait; un dernier lambeau de brume irisée flottait au coin des maisons noires; et l'Irlande véritable était là, masse énorme et solide de villes, de fermes et de forêts, assemblée innombrable d'hommes obscurs et différents, amas séculaire de traditions et de lois, terre de jeux, de chasse, de vengeances privées, siège de magistrats, garnison de soldats, territoire de police, l'Irlande misérable et railleuse, souffrante et bavarde, mécontente et heureuse d'être mécontente; l'Ile énigmatique, l'Ile absurde... Devant cette redoutable et pesante réalité, que pouvait-il faire? Que pouvait-il espérer? Elle l'accablait et le lassait.

Godwin, avec une force grandissante, suppliait son disciple de renoncer à cette entreprise. Depuis que Shelley lui avait écrit qu'il le considérait comme un père, il avait pris un ton hostile et bougon. « Croyez-moi, Shelley, prophétisait-il, vous préparez une scène de sang. » S'il avait pu voir son fils spirituel rédiger un inoffensif *Projet d'association pour le bien du genre humain* entre Eliza qui cousait une cape rouge et Harriet qui préparait un repas de miel et de fruits, il eût été moins inquiet.

Ses adjurations eurent au moins ceci d'utile qu'elles fournirent à Shelley une honnête excuse pour renoncer à se faire le champion d'opprimés trop satisfaits. A part quelques malheureux qui savaient trouver chez lui des secours, personne à Dublin ne le prenait au sérieux. S'il existe aux yeux d'un Irlandais un être plus ridicule qu'un Anglais, c'est un Anglais qui aime l'Irlande, et s'il est au monde un spectacle qu'un ancien élève d'Eton et d'Oxford, même réfractaire, ne peut supporter, c'est celui du désordre irlandais. Ayant vu la folie et la misère de cette nation, Shelley ne put s'empêcher de penser avec avidité à la beauté, à la paix des campagnes anglaises.

« *Je me soumets*, écrivit-il enfin à son "vénérable ami". *Je ne m'adresserai plus à des illettrés... Je me bornerai à être la cause d'un effet qui se produira longtemps après que je serai moi-même poussière*. »

Harriet emballa tous les pamphlets restants à l'adresse de miss Hitchener, qui se fût bien passée de cette « matière inflammable » ; Eliza plia son manteau rouge, et les trois apôtres reprirent le bateau.

*
* *

Restait à réaliser la deuxième partie de leur programme : louer une maison au pays de Galles et y réunir l' « équipe » spirituelle, afin de résoudre *tous* les problèmes.

Ils crurent avoir trouvé l'abri convenable en ces lieux mêmes où Shelley, solitaire, était venu se réfugier avant son mariage. La sauvagerie charmante du pays le tentait. Près de la maison coulait un torrent montagnard sur lequel il naviguait dangereusement dans une nacelle longue d'un pied. Une banknote de cinq livres était sa voile, un chat terrifié son passager. Il espérait que miss Hitchener pourrait décider son père à venir exploiter la petite ferme attenant à la maison.

Mais rien ne s'arrangea. La maison était trop chère. Mr. Hitchener, indigné par les bruits qui couraient à Cuckfield sur les rapports de sa fille et de Shelley, refusa de l'autoriser à partir. L'imprudente institutrice, fière de l'invitation, en avait parlé, et tout le village, la tante Pilfold en tête, avait conclu sans bienveillance. Une fois de plus, la méchanceté des hommes étonna Shelley. Lui qui avait enlevé sa femme et fait par amour un mariage écossais, serait infidèle à son Harriet ! Cette idée lui inspira un étonnement si vif qu'une femme moins vertueuse que la chaste Hitchener l'eût trouvé désobligeant.

Quant à Mr. Hitchener le père, il fut traité comme il convenait. C'était, lui aussi, un ancien cafetier, car les dieux semblaient se divertir à mettre le cristallin Shelley en rapport avec les membres de cette corporation. « *Monsieur*, écrivit-il au père de son amie, *j'ai eu quelque peine à réprimer une surprise indignée en lisant que* vous *refusez mon invitation à* votre fille. *De quel droit ? Qui vous a fait son maître ?... Ni les lois de la nature, ni celles de l'Angleterre n'ont mis les enfants au rang de propriété privée... Adieu ! la prochaine fois que j'entendrai parler de vous, j'espère que le temps aura rendu vos sentiments plus libéraux.* »

*
* *

Puisqu'il fallait quitter le pays de Galles, Godwin indiqua un joli cottage qu'un de ses amis voulait louer. Tout conseil de lui inspirait le respect; Shelley et Harriet firent le voyage et furent très désappointés. La maison était banale, à peine achevée et trop petite pour eux. Mais en revenant de cette inutile expédition, ils découvrirent un village féerique; trente cottages aux toits de chaume, vêtus de roses et de myrtes grimpants, formaient le délicieux hameau de Lynmouth. Par miracle, une des maisons était à louer, et la mieux située, au-dessus d'une gorge boisée. Des fenêtres, on découvrait la mer à trois cents pieds au-dessous. Ils décidèrent à l'instant de s'y installer *pour toujours*.

Le « vénérable ami », informé, écrivit une lettre pincée. Il dit, assez durement, que les goûts de Shelley étaient trop luxueux, et qu'une petite maison, si modeste fût-elle, devait suffire à qui se disait son disciple. Si Mr. Timothy avait écrit cette lettre, les épithètes les plus sévères lui eussent encore été appliquées. Mais il est naturel de supporter d'un étranger ce qu'on ne saurait accepter d'un père. Shelley pensa, non à blâmer, mais à se justifier. S'il avait dit que la maison recommandée par son maître était insuffisante, ce n'était pas par souci du luxe ni même du confort. Mais le nombre de chambres était trop petit et il lui semblait contraire à certaines idées de délicatesse que deux personnes de sexe opposé, non unies par certains liens, dormissent dans la même chambre. Il savait que, dans une société régénérée, ce sentiment disparaîtrait, mais dans l'état de choses présent, la promiscuité lui paraissait imprudente. Il n'exposa cette doctrine (qu'il craignait un peu réactionnaire) qu'avec de grandes précautions. Le maître daigna l'oublier.

L'adorable maison de Lynmouth fut bientôt le décor d'un grand événement : l'arrivée de miss Hitchener. Shelley se promettait qu'elle apporterait dans sa vie un élément de collaboration intellectuelle qu'il n'y trouvait pas tout à fait. Harriet d'ailleurs n'y perdait rien, car sa sœur spirituelle aiderait à la former ; toutes deux, pensait-il, avaient l'âme assez haute pour accepter ces rôles.

Les gens de Lynmouth le virent avec surprise faire avec cette maigre inconnue de longues et romantiques promenades. Ce fut avec elle qu'il discuta désormais les plans qu'il formait pour répandre ses idées. La propagande de la vertu devenait difficile. Un imprimeur de Londres venait d'être condamné au pilori. Le sort de Galilée n'effrayait pas Shelley pour lui-même, mais il ne voulait pas mettre en danger un innocent imprimeur.

Heureusement le Magicien avait à sa disposition des éléments qui défiaient la police de lord Castlereagh. Quand il avait composé quelque pamphlet bien incendiaire, tantôt il fabriquait pour l'expédier de petites boîtes enduites de résine et, les ayant munies d'un mât et d'une voile en miniature, il les lançait sur l'Océan ; tantôt il construisait adroitement des ballonnets à l'air chaud que, tout chargés de sagesse, il lançait dans le ciel d'été. Alors, ravi, il regardait briller dans les sombres profondeurs bleues la petite flamme tremblante qu'il avait allumée, ou flotter sur les vagues d'émeraude en fusion une bouteille remplie d'un divin remède.

Quand il avait ainsi « travaillé », sa récréation favorite était de faire des bulles de savon. Assis devant sa porte, muni d'un chalumeau, il soufflait avec une adresse de jeune fille les sphères parfaites et fragiles. Dans leurs élastiques pellicules brillaient des teintes violettes, vertes et dorées qu'il regardait changer, se fondre et disparaître.

Alors, abandonnant pour une courte absence les palais transparents et vides de la logique, il éprouvait une sorte d'obscur besoin de fixer par le rythme et les mots l'insaisissable grâce de ces jeux de couleurs.

XIV

Le vénérable ami

Les roses de Lynmouth se fanèrent; les vents d'automne balayèrent comme des feuilles les vastes nuages ; le prestige de miss Hitchener pâlit. La présence continue d'une étrangère avait fatigué Harriet ; Shelley lui-même voyait se dissiper la vision vaporeuse qui lui avait si longtemps caché des formes grossières, et, surpris de trouver installée près de lui une femme médiocre et radoteuse, cherchait en vain son héroïne et se repentait de sa folie.

Après avoir tant insisté pour l'arracher à son école, il était difficile de s'en séparer. Mais le séjour avec elle dans une solitude automnale était devenu insupportable. Dans une grande ville, d'autres amis, d'autres spectacles pourraient faire oublier cette obsédante compagne. D'ailleurs Godwin appelait à Londres les Shelley : ils se résolurent à y faire un séjour d'assez longue durée.

*

* *

Ce fut avec grande émotion qu'ils quittèrent, un jour d'octobre 1812, un petit hôtel de Saint-James Street pour faire une première visite à leur ami Godwin et à sa famille. Harriet, petite, blonde et rose trottait à côté de son mari-enfant, grand et voûté ; ils se demandaient quel accueil ils allaient recevoir du philosophe. Miss Hitchener, qui s'était présentée à lui en traversant Londres, avait été mal reçue. Mais cela ne prouvait rien, que peut-être la perspicacité de Godwin.

Ils trouvèrent toute la famille réunie dans la petite maison attenante à la librairie de Skinner Street, car les Godwin, de leur côté, attendaient avec une impatiente curiosité l'arrivée du couple Shelley. Il y avait là le philosophe lui-même, homme petit et gros, chauve, à l'air intelligent, avec cet extérieur de pasteur méthodiste qui est presque toujours celui des théoriciens de la Révolution. La deuxième Mrs. Godwin avait revêtu une belle robe de soie noire et ne mit ses lunettes vertes que pendant le temps nécessaire pour bien voir le petit-fils de baronnet et sa jolie femme. On avait prévenu les Shelley qu'elle était médisante. Mais ce soir-là elle parut aimable. Il y avait Fanny Imlay, mélancolique et douce, et Jane Clairmont, jolie, de type italien, brune de peau et vive d'esprit.

— La seule qui manque, dit Godwin, est ma fille Mary qui est en ce moment en Ecosse ; elle ressemble beaucoup à sa mère dont je vais vous montrer le portrait.

Il emmena dans son bureau le jeune couple de disciples et Shelley regarda longuement, avec une attention émue, le portrait de la charmante Mary Woolstonecraft. Puis tout le monde s'assit, et Godwin et Percy parlèrent des rapports de la matière et de l'esprit, de la situation du clergé, de la littérature allemande. Les femmes écoutaient avec admiration. Harriet trouva que Godwin ressemblait à Socrate dont il avait le crâne bossué, et que Percy près de lui rappelait les beaux disciples grecs dont le respect se nuance d'impatiente ardeur.

*
* *

Une grande intimité s'établit aussitôt entre les Shelley et les Godwin. Souvent Godwin passait à l'hôtel et entraînait Shelley en promenade, ou bien Mrs. Godwin invitait à dîner Percy et Harriet, même Eliza et miss Hitchener, mais cette dernière avec répugnance. Ou bien encore Harriet elle-même se risquait à commander un dîner.

Le soir du 5 novembre, jour où dans toute l'Angleterre, en souvenir de la conspiration des Poudres, éclatent les pétards, le ménage Shelley dînait chez les Godwin. Après le dîner, le petit William Godwin, qui avait neuf ans, annonça qu'il allait chez son voisin le jeune Newton tirer des pièces d'artifice. Shelley, à ce moment, discutait quelque grave question avec son vénéré ami. Les mots d'artifice, de poudre, réveillèrent aussitôt l'alchimiste de Field-Place. Il hésita une seconde à quitter Godwin et ses discours, mais l'image d'étincelles brillantes éclairant de leurs zigzags enflammés les vieilles rues de Londres l'emporta. Il dit au petit William : « Je vais avec vous », et se leva.

Après le feu d'artifice, le jeune Newton, enchanté de ce grand ami qui jouait comme un enfant et savait de merveilleuses histoires, l'emmena chez ses parents. Shelley se laissa faire et ne le regretta pas. Il trouva Mr. et Mrs. Newton délicieux. Tout de suite une conversation libre, savante, agréable s'engagea. Mr. Newton était fait pour plaire à Shelley; c'était un homme à théories et qui les appliquait. Son idée favorite était que les êtres humains, en quittant les régions chaudes où ils ont vécu d'abord et en remontant vers le Nord, ont adopté des habitudes de vie antinaturelle, d'où procèdent tous leurs maux. L'une de ces mauvaises habitudes était de se vêtir, et Mr. Newton obligeait ses enfants à être toujours nus dans sa maison. Une autre était de manger de la viande, et toute la famille était végétarienne. Rien ne pouvait plus enthousiasmer Shelley et Mr. Newton lui fournit des arguments nouveaux.

— L'homme ne ressemble à aucun carnivore; il n'a pas de griffes pour retenir une proie; ses dents sont faites pour manger des légumes et des fruits. Il est malade dès qu'il touche à cette nourriture carnée qui est empoisonnée pour lui. C'est ce que signifie l'histoire de Prométhée qui est évidemment un mythe végétarien. Prométhée, c'est-à-dire l'humanité, invente le feu et la cuisine; aussitôt un vautour lui ronge le foie. Ce vautour est l'hépatite ; cela est clair.

D'ailleurs depuis que la famille Newton observait ce régime, elle n'avait jamais eu besoin de drogues ni de médecin; les enfants étaient les plus sains qu'on pût voir et Shelley, qui eut l'occasion de rencontrer souvent les petites filles nues, les trouva des modèles parfaits pour un sculpteur.

Il devint grand habitué de cette maison. Dès qu'on entendait sa voix, cinq enfants bondissaient dans les escaliers à sa rencontre et le traînaient jusqu'à la nursery. Il n'avait pas moins de succès auprès de leur mère et de sa sœur, Mme de Boinville.

Chez les Godwin, Fanny et Jane passaient des soirées entières à l'écouter avec ravissement. Elles admiraient sa beauté, et la force de ses raisonnements leur paraissait inattaquable. Même dans une famille républicaine, ce jeune aristocrate, héritier d'une immense fortune et si dédaigneux de l'argent, conservait un prestige romanesque. Pour lui, entre ces deux jeunes filles, Fanny douce et timide, Jane passionnée et véhémente, il lui semblait retrouver les belles soirées, le délicieux mélange de sensualité et d'enthousiasme du temps où une troupe admirative de sœurs et de cousines l'entourait.

Harriet plaisait moins. Fanny et Jane remarquèrent vite qu'elle pensait peu par elle-même, qu'elle se bornait à répéter les phrases favorites de son mari et que sa syntaxe était défectueuse.

— Pauvre Mr. Shelley, disaient-elles, quand le couple partait ; il n'a pas la femme qu'il lui faudrait.

C'est une impression qu'éprouvent volontiers les jeunes filles à l'égard de l'homme qu'il leur eût fallu. Même elles hasardèrent à attaquer par d'imperceptibles pointes Harriet absente ; elles avaient deviné par intuition les critiques auxquelles le mari doctrinaire pouvait être sensible.

« Harriet m'intimide, lui écrivit la douce Fanny ; c'est une *belle dame*. »

Shelley fut indigné.

— Comment Harriet est-elle une belle dame ? Vous l'accusez de ce crime, le plus impardonnable à mes yeux ? L'aisance et la simplicité de ses manières ont toujours été ses plus grands charmes et ne sont pas compatibles avec la vie mondaine, ni avec un effort pour imiter son éclat vulgaire et brillant. Voilà une opinion à laquelle vous ne me convertirez pas, tant que j'aurai sous les yeux le vivant témoignage de son inexactitude. »

Plus tard la lettre de Fanny revint à l'esprit de Shelley.

XV

Ce qu'était Miss Hitchener

Après une année d'exil à York, Hogg, tout à fait réconcilié avec sa famille, était venu à Londres terminer son droit.

Un soir, comme il lisait tranquillement, enveloppé d'une épaisse robe de chambre, assis dans un bon fauteuil, une théière brûlante sur sa table, il entendit un coup violent à la porte extérieure de la maison. Puis cette porte, renvoyée avec force, ayant fait trembler les murs, la secousse évoqua aussitôt des yeux ardents, un grand corps penché.

— Si Shelley était encore mon ami, pensa Hogg... lui seul...

Des pas rapides dans l'escalier, ces pas légers entendus jadis dans les couloirs voûtés d'Oxford.

— Jamais personne, sinon Shelley, n'a monté les escaliers ainsi.

La porte s'ouvrit et Shelley apparut, sans chapeau, col ouvert, sauvage, intellectuel, toujours semblable à quelque esprit céleste descendu sur la terre par erreur.

— J'ai eu votre adresse par votre patron... non sans

peine !... Il me prenait pour un brigand et ne voulait pas me la donner... Qu'êtes-vous devenu depuis un an ?... J'arrive d'Irlande... J'ai été conseiller l'humanité aux catholiques irlandais... Ensuite nous sommes retournés au pays de Galles, c'est admirable... Harriet va bien... elle attend un enfant... Avez-vous lu Berkeley ?... En ce moment, je lis Helvétius... c'est intelligent, mais sec...

Hogg le contemplait avec la même admiration affectueuse et ironique qu'autrefois ; il fallait être Shelley pour parler d'Helvétius dès la première phrase à un ami quitté un an auparavant après de si graves dissentiments. Shelley, animé et heureux, marchait dans la chambre, ouvrait des livres, posait des questions sans jamais attendre la réponse et paraissait avoir complètement oublié que Hogg l'eût offensé jadis.

Il parla tard dans la nuit. Des voisins de chambre de Hogg avertirent, par une série de coups dans le mur, que la voix claire et aiguë les empêchait de dormir. Hogg, craignant pour sa bonne réputation dans la maison, suggéra le départ. Shelley parlait toujours. Il expliquait qu'il venait d'ouvrir une souscription pour terminer une digue qui permettrait de regagner sur la mer plusieurs hectares de terrain. Lui-même avait souscrit cent livres et consacrait à ce projet ses forces, sa fortune, sa vie... Hogg le prit doucement par le bras et le reconduisit vers la porte, mais Shelley résistait.

— Vos voisins nous ennuient... ces créatures viles ignorent que les nuits sont les seuls moments où l'âme se sent vraiment libre.

Hogg était arrivé à l'amener jusqu'au palier.

— Je pars à une condition, c'est que vous viendrez dîner demain soir, Harriet sera contente de vous voir... Je m'excuse d'avoir avec moi une horrible créature : miss Hitchener, mais elle nous quittera dans deux jours.

— Miss Hitchener ? La sœur de votre âme ?

— Elle ? dit Shelley... Un ver rampant et méprisable !... nous l'appelons le Démon brun.

Mais comme ils étaient arrivés à la porte, Hogg se libéra doucement et ferma.

Le lendemain soir, à six heures, il se faisait annoncer chez Harriet ; elle le reçut avec enthousiasme. Elle était plus rose, plus jeune et plus charmante que jamais.

— Quelle séparation ! dit-elle. Mais cela n'arrivera plus... Nous venons habiter Londres pour toujours.

Eliza était assise dans un coin, silencieuse et hautaine ; elle serra la main de Hogg sans daigner lui parler.

— Vous avez une mine surprenante, Harriet, dit Hogg.

— Elle ! dit Eliza, d'une voix languissante... Oh ! non ! pauvre chose !

« Rien n'est changé, pensa Hogg ; il faudra que je sois prudent dans cette maison. »

A ce moment, Shelley entra avec la rapidité d'un boulet de canon et le dîner fut servi.

Après le repas, Eliza chuchota des choses mystérieuses à l'oreille de Harriet, qui, obéissante, vint dire adieu à Hogg et l'invita à revenir le dimanche matin.

— Ce sera le jour du départ du Démon brun et la conversation sera difficile. Vous êtes toujours gai et votre présence nous rendra service... Shelley vous a parlé de notre tourmenteuse ?

A l'évocation de miss Hitchener, Eliza manifesta un dégoût muet.

— C'est une horrible femme, continua Harriet. Elle aurait voulu se faire aimer de Shelley ; elle prétendait qu'il l'aimait réellement et que je n'étais bonne, moi, qu'à m'occuper de la maison. Percy lui fait une rente de cent livres par an, à la condition qu'elle s'en aille.

Shelley confirma ces nouvelles. Il comprenait le danger de sacrifier ainsi le quart de son revenu. Mais il le fallait : cette fille avait perdu sa situation et elle disait sa réputation, sa santé ruinées par leur barbarie.

— C'est en effet une horrible créature, dit-il en frissonnant... Superficielle, laide, hermaphrodite... Et je n'ai jamais été aussi étonné de mon mauvais goût qu'après avoir passé quatre mois avec elle. Que serait l'enfer si une telle femme est au ciel ?... Et elle fait des vers ! Elle a écrit une élégie sur les droits de la femme qui commence ainsi :

« Tous, tous sont hommes, les femmes comme les autres... »

Il éclata d'un rire strident.

Le lendemain, Hogg vint fidèlement ; l'héroïne du jour lui parut ennuyeuse, mais inoffensive. C'était une grande femme osseuse et masculine, au teint noir et non sans un peu de barbe. Bientôt Shelley annonça qu'il devait sortir ; Harriet se découvrit un violent mal de tête qui exigeait la solitude, et Hogg fut condamné à promener les deux Elisabeth.

Avec le Démon brun à son bras droit et le Démon noir à son bras gauche, il se dirigea vers Saint James' Park. « Je pourrais dire, comme Cornélie : "Voici mes joyaux" », pensait-il. Les deux belles rivales s'attaquèrent par-dessus la tête du Cynique en phrases hautaines et calculées. La languissante Eliza paraissait toute réveillée et assenait des coups redoutables avec une douce et calme méchanceté. Miss Hitchener affecta de ne parler qu'avec Hogg. Elle disserta sur les droits de la femme. Eliza, qui ne brillait pas dans la discussion théorique, se vit bientôt condamnée à un silence ignominieux. En rentrant elle bloqua Hogg dans un coin du hall :

— Comment avez-vous pu parler si longtemps avec cette méchante femme ? Pourquoi l'avez-vous encouragée ? Harriet sera très fâchée contre vous, très fâchée.

Mais Harriet dit simplement : « Vous n'êtes pas trop fatigué du démon brun ! » et elle sourit à Hogg.

Après le déjeuner, non sans perfidie, il ramena la conversation sur les droits de la femme et déchaîna la déesse Raison. Shelley quitta sa chaise et vint debout à côté d'elle discuter avec animation. Les deux sœurs Westbrook le regardèrent avec horreur et tristesse comme un coupable d'intelligence avec l'ennemi.

Eliza alla murmurer à l'oreille de Hogg :

— Si vous saviez comme elle est sale, vous ne vous approcheriez pas d'elle.

Mais l'heure arriva où il fallut charger sur une voiture les malles de l'exilée, et les femmes de la maison Shelley poussèrent de grands cris de joie.

XVI

Ce qu'était Harriet

Les quelques mois qui suivirent le départ de miss Hitchener furent des mois heureux. Les Shelley étaient encore pauvres et errants, mais une grande satisfaction intérieure leur tenait lieu de richesse et de foyer. Il avait entrepris un long poème, *La Reine Mab*, et l'œuvre inachevée était pour lui une suffisante raison de vivre. Harriet était enceinte; une sorte d'engourdissement agréable lui faisait réserver toutes ses forces pour la création, et l'ennui ne trouvait plus de prise sur un être que le sentiment d'une activité interne consolait de l'inaction.

Pendant cette période ils habitèrent en de courts séjours le pays de Galles, puis de nouveau l'Irlande, mais cette fois sans desseins politiques. Pour faire plaisir à Shelley, Harriet apprenait le latin. Il le lui enseignait à sa manière, sans grammaire, la jetant tout de suite dans Horace ou Virgile. Pendant qu'elle étudiait, Shelley travaillait à son poème ou lisait des livres d'histoire. Godwin lui avait dit que son ignorance de l'histoire était une des grandes causes de ses erreurs de jugement et, bien que cette étude lui répugnât, il voulait bravement essayer. Le soir, Harriet chantait de vieux airs irlandais, *Robin Adair, Kate of Kearney*, ou bien ils lisaient ensemble les journaux, tout remplis alors de procès faits aux écrivains libéraux. A ces inconnus condamnés pour leurs opinions, Shelley écrivait souvent en offrant de payer l'amende encourue. N'ayant jamais dix livres d'avance, il devait emprunter à quatre cents pour cent l'argent qu'il distribuait ainsi.

Bientôt il devint nécessaire de rentrer à Londres. Le moment de la délivrance de Harriet approchait et aussi les vingt et un ans de Shelley, date si importante pour ses rapports avec son père et aux environs de laquelle il semblait possible de négocier.

Ils se logèrent encore à l'hôtel, dans une chambre à balcon qui surplombait la rue. Eliza, qui était avec eux, veillait sur la grossesse de Harriet avec des précautions exagérées qui irritaient Shelley, toujours partisan de laisser faire la nature. Quand il n'était pas là, elle entreprenait d'enseigner à sa sœur la politique matrimoniale.

— Il est extraordinaire, disait Eliza, qu'à vingt et un ans votre mari ne trouve pas le moyen de se réconcilier avec son père, de vous faire recevoir dans sa famille et mener la vie qui convient à la femme d'un futur baronnet. Si vous étiez plus adroite et plus persuasive, les choses seraient bien différentes... Vous allez avoir un enfant et cette vie nomade devient impossible. Il vous faut votre maison à Londres, votre vaisselle d'argent, votre voiture, et tout cela peut être si Shelley le veut.

Harriet était sensible à ces discours. Elle était ravissante et le savait. Une jolie femme supporte aussi mal la vie sans luxe qu'un homme intelligent un état subalterne. Les regards des passants lui disent son pouvoir. Elle sait que ce pouvoir est par essence transitoire;

comme une nation armée et forte désire assurer sa place dans le monde avant de renvoyer ses soldats, la femme veut traiter avec le sexe ennemi avant que l'envahissante lourdeur de la vieillesse vienne lui imposer une pacifique résignation. D'ailleurs Eliza plaignait Harriet et il est si naturel à tout être de s'apitoyer sur son sort que le bonheur le plus véritable est très vite empoisonné par la perfide compassion d'un sot.

Sur l'insistance de Harriet stylée par Eliza et aussi sur l'avis renouvelé du toujours bienveillant duc de Norfolk, Shelley se décida à essayer une nouvelle démarche auprès de son père. Il ne l'eût pas faite s'il ne l'avait jugée honorable et nécessaire ; mais il désirait vivement revoir sa mère et, à distance, après un long temps, Mr. Timothy lui-même lui apparaissait comme pitoyable et inoffensif : « *Mon chère Père, je prends une fois de plus la liberté de vous écrire pour vous informer de mon sincère désir d'être considéré comme digne de reprendre avec vous et ma famille des relations dont m'ont privé mes folies... J'espère que le moment approche où nous nous regarderons l'un l'autre, comme père et comme fils, avec plus de confiance que jamais et où je ne serai plus une cause de trouble pour le bonheur de la famille. J'ai eu le bonheur d'apprendre par John Grove, qui a dîné avec nous hier soir, que vous êtes en bonne santé. Ma femme se joint à moi pour vous assurer de nos sentiments respectueux.* »

Malheureusement Mr. Timothy, incapable de triompher sans bruit, exigea du pénitent la plus impossible des rétractations. Il demanda que son fils écrivît aux autorités de University College, Oxford, qu'il regrettait les incidents passés et se considérait désormais comme un fils respectueux de l'Eglise anglicane. Faute de quoi il se refusait à toute communication ultérieure. « *Je ne suis pas assez dégradé*, écrivit Shelley au duc, *pour désavouer des idées que je crois vraies. Tout homme de bon sens doit comprendre que l'abandon par ordre de convictions sérieuses serait un bien mauvais critérium de la droiture d'un esprit... Je céderai sur tout ce qui est raisonnable, c'est-à-dire sur tout ce qui n'implique pas la perte de cette estime de soi-même sans laquelle la vie n'est plus qu'un fardeau et qu'une honte.* »

Eliza jugea tant de raideur absurde :

« Ainsi Harriet, si près d'un accouchement, n'aura même pas une voiture pour éviter de courir Londres à pied. » Shelley, excédé, acheta la voiture à crédit et refusa de s'en servir. Il avait horreur d'être enfermé et traîné ; les longues promenades à pied à travers les rues de Londres, seul avec Hogg, l'enchantaient.

D'ailleurs, s'il était fatigué d'Eliza, il ne manquait pas de maisons amies où il pût se réfugier. Il y avait celle des Godwin, dans Skinner Street, où Fanny et Jane Clairmont l'accueillaient toujours avec un flatteur enthousiasme. Il y avait celle des Newton où il trouvait une affection intelligente, des manières douces et raffinées. Mrs. Newton, excellente musicienne, se mettait au piano. Shelley, assis sur le tapis avec les beaux enfants, leur racontait à voix basse des histoires de spectres et de fantômes. Souvent, Mme de Boinville habitait chez sa sœur. Ces deux dames étaient filles d'un planteur de Saint-Vincent et avaient reçu une culture mixte anglo-française que Shelley, grand admirateur des philosophes français, appréciait vivement. Mme de Boinville surtout lui paraissait charmante. Son mariage romanesque avec un émigré ruiné, ami d'André Chénier et de La Fayette, lui donnait une sorte de poétique prestige. C'était une femme aux cheveux blancs, mais au visage si enfantin, si animé, à l'esprit si vif et si moderne que l'on trouvait plus de plaisir à parler avec elle qu'avec une jeune femme. En elle et sa sœur, pour la première fois de sa vie, Shelley trouvait des esprits de femmes dignes du sien. Eliza Westbrook et miss Hitchener lui parurent alors bien méprisables.

Il avait pris l'habitude, en vivant avec Harriet, de considérer les femmes comme des enfants ; il en était arrivé à penser que les idées, pour pouvoir leur être présentées, doivent d'abord être simplifiées et amaigries. Avec une Mme de Boinville, il s'étonnait de voir que non seulement il pouvait aller jusqu'au bout de ses idées, mais qu'elle leur donnait, par l'élégante précision de son langage, un visage plus aimable. Pour elle, pour sa sœur, les jeux de la pensée étaient comme pour lui, les plus beaux et les plus naturels. La culture n'est rien sans les manières, mais l'alliance des deux chez une femme est le produit le plus exquis de la civilisation. A une joie secrète, à un délicieux sentiment de perfection, Shelley s'apercevait qu'il avait trouvé le milieu favorable à son bonheur et que tout ce qu'il avait vu jusqu'alors était terriblement inférieur.

Pour ces femmes aussi la découverte était assez enivrante. Cet adolescent si beau et si bien né avait le goût des idées et en parlait avec une ardeur incroyable. Il avait dépouillé le pédantisme un peu autoritaire de ses seize ans, et dans la discussion montrait une grâce modeste. Jamais elles n'avaient vu un homme aussi complètement libre d'égoïsme, aussi généreux, aussi délivré de la matière. Avec un grand sérieux, il était capable de gaieté. Il montrait cette aisance confiante, ce mépris de toute cérémonie, et en même temps cette parfaite politesse qui donne tant de charme aux jeunes aristocrates anglais. « Quoi de plus charmant, se disaient-elles, qu'un saint qui est un homme du monde ? »

Hogg regardait avec un très léger sentiment d'ironique jalousie, mais aussi avec une curiosité affectueuse, les manœuvres savantes de tant de jolies femmes autour de son candide ami. Chez les Godwin les jeunes filles l'appelaient le Roi des elfes, le Roi des fées ; chez les Newton, il était Obéron. Dès qu'il paraissait, les femmes se groupaient toutes autour de lui. Mais il était difficile d'évoquer à heure fixe cet esprit. Le Roi des elfes avait d'étranges caprices, des craintes subites, de folles terreurs. Parfois une vision poétique le retenait à l'heure où il était attendu pour le thé ; parfois, quand on le croyait enfin captif et soumis, un devoir imaginaire l'appelait soudain on ne savait où.

— Il y a des pays, lui disait Hogg, où l'on croit que les chèvres, animaux diaboliques, passent douze heures sur vingt-quatre en enfer. Je crois que vous êtes comme les chèvres, Shelley.

En revanche quand une femme selon son cœur avait su l'engager dans une de ces conversations sérieuses et animées qu'il aimait, il oubliait et l'heure, et sa propre existence.

La nuit passait et Shelley continuait à parler ardemment, bel Adonis entouré de ses prêtresses un peu haletantes. L'aube le trouvait encore discourant et, comme il était trop tard pour se coucher, une promenade dans la rosée terminait l'entretien nocturne.

— Mais que diable dites-vous toute la nuit à votre cercle de beautés ? s'inquiétait Hogg, homme précis et perplexe.

— Je ne sais pas.

Harriet elle aussi se demandait ce que son mari pouvait bien dire à toutes ces femmes. Elle était proche de la délivrance et ne sortait plus guère. Shelley la laissait souvent seule. Elle se sentait assez impopulaire dans les maisons où il était favori. Chez les Godwin, elle s'était disputée avec Mrs. Godwin. Chez les Boinville on l'avait d'abord trouvée charmante parce qu'elle était jolie et femme d'un poète, mais on s'était vite aperçu d'une évidente médiocrité.

XVII

Comparaisons

Le bébé fut une petite fille blonde aux yeux bleus. Son père la nomma Ianthe ; sa mère ajouta Elisabeth ; ainsi Ovide et miss Westbrook se rencontrèrent à ce berceau. Shelley la promenait dans ses bras, en fredonnant. L'idée d'élever un être tout neuf, et qu'il allait pouvoir sauver dès l'enfance des « préjugés » lui était très agréable. Admirateur de Rousseau, il croyait que Harriet allait soigner elle-même son enfant et il se sentait prêt à veiller avec tendresse sur ces deux jolies créatures. Dans l'exaltation de ce rôle nouveau, l'odieuse Eliza était oubliée.

Mais Harriet, stylée par sa sœur, refusa de nourrir sa fille. Elle engagea une femme pour s'en occuper, une « mercenaire », en style Shelley. Elle avait là-dessus un entêtement doux, mais invincible. Un curieux changement s'était produit en elle depuis la naissance de l'enfant. Il semblait qu'elle voulût se venger de la longue inactivité de la grossesse. Ses leçons de latin, interrompues par trois semaines de lit, n'avaient pas été reprises. Elle ne désirait plus que se promener dans les rues de Londres et s'arrêter devant les étalages des modistes et des bijoutiers. Pour Shelley le plaisir trouvé à un spectacle aussi vain était scandaleux et inintelligible. Il voulait bien payer les frais de toute fantaisie « raisonnable » de sa femme, même au prix d'emprunts et de longs ennuis, mais employer l'argent, si nécessaire aux écrivains persécutés et à toutes les causes justes, en chiffons et bonnets lui paraissait honteux, et il le faisait durement sentir.

Eliza soulignait ces pensées si visibles. « Votre mari trouve de l'argent pour payer les dettes de son Godwin qui le gruge et dont la femme nous reçoit mal ; il en trouve pour payer les amendes d'écrivailleurs, mais non pour habiller et coiffer sa femme. S'il juge anormal qu'une femme jeune et jolie veuille plaire, c'est un sot et un quaker. Si vous ne vous habillez pas maintenant, à dix-huit ans, quand le ferez-vous ? »

Eliza recevait volontiers un officier, le major Ryan, que les Shelley avaient rencontré en Irlande et retrouvé à Londres, et qui était d'avis, lui aussi, qu'une femme aussi délicieuse que Harriet aurait eu droit à une vie plus conforme à ses goûts véritables. Elle était prête à le croire. Pour elle, ce latin, cette philosophie avaient été un grand effort. Elle l'avait fait sans souffrance parce qu'elle aimait et admirait son mari. Mais en revenant aux boutiques et aux commérages, elle rentrait dans sa vraie nature, comme il arrivait à Shelley chez les Newton. Le plaisir spontané et vif qu'elle y trouvait contrastait avec l'application un peu douloureuse qu'elle avait apportée à ses « leçons ».

Shelley pensa que le séjour de Londres, par les tentations qu'il offrait, était cause de tout le mal ; il eut cette idée, si naturelle aux amants qui sentent dans le couple un trouble encore obscur, d'aller revoir les lieux où leur amour a été le plus vif. La fameuse voiture de Harriet fut équipée; Shelley emprunta cinq cents livres en signant un bon de deux mille à valoir sur son héritage et, escortés par Eliza, ils allèrent en pèlerinage à Keswick et Edimbourg.

La vie animée et changeante du voyage fit oublier bien des choses et ils revinrent à Londres plus heureux, mais à peine y furent-ils rentrés que le dissentiment redevint évident; Harriet et Eliza exigèrent un joli appartement, une vie élégante, des toilettes, des relations flatteuses. Shelley, plus encore que toutes ces choses, détestait l'idée que sa femme pût les souhaiter. De fugitifs éclairs de mépris traversaient son amour encore vif.

Hogg vint les voir; il trouva Harriet tout à fait remise de ses couches, plus jolie et plus rose que jamais. Mais elle ne s'offrit plus à lui lire les sages conseils d'Idoménée; elle le pria de l'accompagner chez la modiste à la mode. Là elle disparut, laissant Hogg sur le trottoir. Il trouva qu'elle était devenue ennuyeuse et, comme un homme a peu d'indulgence pour la femme qui l'a repoussé, il le laissa comprendre à Shelley qui lui-même cacha mal un peu d'impatience. Le ménage Shelley en arrivait au dangereux stade des confidences aux tiers.

*
* *

Quand Mme de Boinville invita Shelley et Hogg à venir passer quelques jours chez elle à la campagne, ils acceptèrent avec joie. Ils y trouvèrent sa fille Cornélia, jolie femme mélancolique et cultivée, et sa sœur Mrs. Newton. Shelley retrouva aussitôt les délicieuses impressions que lui avaient laissées les soirées de jadis. Il appelait Mme de Boinville Meïmouné, parce que, comme celui de l'héroïne de son poème favori,

Son visage était d'une demoiselle,
Bien que ses cheveux fussent gris.

La belle Cornélia leur donnait des leçons d'italien et Mme de Boinville exposait de sa voix pure l'indulgente doctrine des philosophes français.

« Jouis et fais jouir, sans faire de mal à personne, voilà toute la morale » ; ce mot de Chamfort, thème favori de Mme de Boinville, aurait dû indigner Shelley. La pauvre Harriet elle-même n'avait jamais rien dit d'aussi contraire à la vertu. Mais elle l'eût dit beaucoup moins bien.

A Bracknell le badinage même paraissait agréable à Shelley parce que les moindres jeux y étaient imprégnés de pensée. Cornélia avait l'habitude de lire et souvent d'apprendre par cœur chaque matin à son réveil un sonnet de Pétrarque. Ce sonnet, elle le méditait et s'en nourrissait tout le jour. En lui disant bonjour, Hogg et Shelley lui demandaient quel était le sonnet du matin. Parfois le poème était trop touchant pour qu'elle pût supporter de s'entendre le dire : alors elle ouvrait le petit Pétrarque de poche qu'elle avait toujours avec elle et montrait du doigt le passage.

Puis, en se promenant entre les deux jeunes gens dans les allées, elle commentait le texte amoureux avec éloquence et simplicité.

— Il est bon, leur disait-elle, de commencer ainsi la journée par une dose de tendresse qui parfume les actions jusqu'au soir.

Ces promenades, ces discussions sur les seuls sujets

qui lui parussent réels et importants, cette maison à la fois riche et simple dont la perfection le charmait sans que le luxe le choquât, tout faisait de Bracknell pour Shelley un lieu de repos et de détente. Harriet y fut invitée; Mme de Boinville la reçut avec bonté et condescendance. « C'est une très jolie petite personne, dit-elle à Hogg; elle me paraît un peu frivole pour notre cher et délicieux stoïque, mais n'a-t-elle pas dix-huit ans ? »

Malheureusement Harriet sentit très bien qu'on ne la traitait pas tout à fait en égale; elle vit que Shelley prenait plus de plaisir à lire Pétrarque avec Cornélia, qu'à discuter avec sa femme les moyens d'augmenter leur train de vie; et par réaction contre un milieu qu'elle sentait confusément hostile sous un masque de bienveillance, elle se montra railleuse et insensible. Aux moments solennels où la compagnie parlait d'affranchissement et de vertu, Shelley la vit échanger des sourires moqueurs avec Hogg, et avec Peacock, nouvel ami sceptique qu'ils avaient découvert depuis peu.

Il supportait l'ironie de Hogg; celle de sa femme l'irritait. L'esprit de Hogg était un univers différent du sien, et qu'il admettait différent. Mais l'esprit de Harriet était son œuvre; il l'avait formée, dressée, cultivée; il s'était habitué à ce qu'elle fût un écho. En découvrant tout à coup que cet autre lui-même s'était détaché de lui, et parfois souriait en l'écoutant, il se sentit affreusement triste.

Rien ne donne plus de sottise apparente que la jalousie inavouée. Au lieu d'attaquer franchement l'adversaire, ce qui aurait du naturel et serait sans doute assez touchant, on en vient alors à critiquer avec aigreur des paroles inoffensives, des actions banales et l'on donne maladroitement un air d'insupportable mesquinerie à ce qui est en vérité un sentiment vif et légitime. Harriet trouvait tout mal à Bracknell parce qu'elle était justement jalouse de Cornélia Turner. Mais Shelley, qui attribuait son air moqueur, ses pointes vulgaires à une incroyable puérilité, lui fit voir une froideur assez méprisante.

Aussitôt par orgueil, elle accentua son attitude. « Eliza a raison, pensait-elle, il est égoïste et se croit admirable... Parce qu'il aime cette vie retirée, ces discussions inutiles et ces poèmes italiens, il voudrait me les imposer... Mais de quel droit m'interdit-il d'avoir mes goûts personnels?... En quoi la vie d'une Cornélia lisant Pétrarque est-elle plus estimable que la mienne?... Ces femmes qu'il admire tant sont moins jeunes et moins jolies que moi... Il me regretterait vite... »

Elle annonça l'intention d'aller rejoindre Eliza à Londres. On n'insista pas pour la retenir plus que la politesse ne l'exigeait : « Le pauvre Shelley, pensaient les dames Boinville (comme jadis les demoiselles Godwin), le pauvre Shelley n'a pas la femme qu'il lui faudrait. »

Elle prit donc l'habitude de le laisser à Bracknell et de faire à Londres avec Eliza des séjours assez longs. Bientôt des amis obligeants apprirent à Shelley qu'on la voyait avec le major Ryan.

Pour la première fois depuis son mariage, l'idée de l'infidélité lui apparut comme pouvant être associée à celle de son ménage. C'était un sujet qu'il avait toujours traité avec un grand mépris, dans l'abstrait. En y pensant brusquement avec Harriet et lui comme personnages possibles, il ressentit la plus violente douleur qu'il eût encore connue.

La raison lui disait qu'il aurait dû être heureux de se trouver débarrassé d'une femme médiocre. S'il éprouvait alors de l'amour, n'était-ce pas bien plutôt pour la délicieuse Cornélia Turner que pour Harriet, dont la vulgarité rancunière l'avait tant irrité à Bracknell ? Et s'il ne l'aimait plus, la rupture n'était-elle pas la plus simple des solutions ? N'avait-il pas toujours enseigné que le jour où l'amour s'éteint, chacun des époux doit reprendre sa liberté ? Mais c'était en vain qu'il se répétait ces raisonnements si véritables. Il découvrait avec stupeur que Harriet Westbrook et Percy Shelley n'étaient plus deux êtres isolés et libres. Il semblait que les souvenirs, les caresses, les souffrances, les eussent enveloppés d'un invisible et charnel réseau qui résistait douloureusement à leurs efforts pour s'en dégager.

Il accourut à Londres décidé à s'excuser, à s'accuser. Mais il trouva Harriet raidie dans une attitude dure, ironique, qui rendait impossible toute conversation profonde. Un tel changement était incompréhensible.

Cette enfant si douce, si soumise trois mois plus tôt, était devenue sèche et hautaine. Par courts moments Shelley croyait deviner sous la dure enveloppe d'orgueil une fugitive image de l'ancienne Harriet, mais s'il essayait alors une phrase plus tendre, il ne rencontrait plus que la froide cuirasse.

Errant au hasard en de longues courses dans Londres : « Que j'ai été fou, pensait-il... Je me suis uni à tout jamais avec une femme qui ne m'aime pas, qui ne m'a jamais aimé... Il est clair maintenant qu'elle ne m'a épousé que pour ma fortune et mon titre... Elle voit ses espoirs déçus et elle me fait payer sa déconvenue... » Et il se répétait avec dégoût : « Un cœur comme un bloc de glace... comme un bloc de glace. »

Peut-être, s'il avait été seul avec elle, aurait-il réussi à la trouver, mais Eliza était entre eux, hostile, pincée, formidable, et le galant major Ryan se tenait dans la coulisse, toujours prêt à compatir aux injustices d'un mari doctrinaire.

Après quelques jours de lutte, l'ardeur de Shelley tomba brusquement. Il était capable d'accès de vigueur morale où rien ne lui était impossible. Mais de même que jadis, à Oxford, il tombait après ses promenades dans une invincible torpeur, sa volonté nerveuse semblait comme une flamme mourante qui jette un éclat prodigieux, puis aussitôt disparaît.

Quand il vit que Harriet restait insensible, il abandonna tout espoir de sauver les débris de son ménage et s'annonça à Bracknell pour un séjour d'un mois, sans elle. Il savait, à n'en pouvoir douter, qu'après une aussi longue absence, il la retrouverait complètement gâtée par son abominable entourage. Il savait qu'au charmant intermède de Bracknell allait succéder une catastrophe, mais il se sentait trop las pour continuer la lutte.

« Je ne suis plus, disait-il, qu'un insecte qui se réchauffe un peu en jouant dans un rayon de soleil ; le prochain nuage me replongera pour toujours dans l'enfer et dans le froid. » Et il récitait mélancoliquement la strophe de Burns :

Le bonheur ressemble à ces fleurs des champs
Que la main qui les cueille, tue,
Ou bien à la neige sur les étangs
Blanche un moment, puis disparue.

Il lui semblait que dans les cristallines demeures de la pensée, Harriet, sa fille, Eliza, étaient tombées comme des blocs de matière vivante et rebelle. En vain, de toutes les forces de sa logique il essayait de les en arracher : la pesante réalité brisait ses armes légères.

XVIII

Seconde incarnation de la déesse

Il y avait des jours où Shelley, en pensant au joli et puéril visage de sa femme de dix-huit ans, croyait qu'il serait encore possible de tout oublier et de tout réparer. En un poème mélancolique il essaya de lui dire combien il était dur pour qui avait vécu dans le chaud soleil de ses yeux de ne plus trouver que son glacial mépris. En fut-elle touchée ? Il ne le sut pas : elle s'enfermait de plus en plus dans un hostile mystère. Il l'avait abandonnée plusieurs fois ; par représailles sans doute, au moment où il revint à Londres, elle partit à son tour pour Bath avec sa fille.

Il était nécessaire que Shelley fît un séjour en ville. Sa majorité était arrivée sans avancer ses affaires. Son avoué lui faisait craindre un procès de famille pour lui retirer son majorat. Bien que chargé de dettes, il s'obstinait à vouloir en délivrer les autres. La maison d'éditions enfantines créée par Godwin sombrait et le spectacle de ce vieux combattant du droit, diminué et attristé par des besoins d'argent, était pénible pour son disciple. Mais il fallait trois mille livres sterling pour le sauver ; c'était une grosse somme.

Depuis qu'il était question de ce plan de sauvetage, Godwin s'était repris d'un intérêt très vif pour Shelley, et comme celui-ci était « garçon » à Londres, sa « belle moitié » étant en villégiature de durée indéterminée, il fut invité à venir tous les soirs dîner à Skinner Street.

Il accepta d'autant plus volontiers qu'il avait grand plaisir à revoir les jeunes filles ; Godwin annonça qu'il en trouverait une de plus, Mary, enfin revenue d'Ecosse. Il fit d'elle un beau portrait : dix-sept ans, un esprit vif, actif, un grand désir de savoir, une persévérance invincible. Déjà Fanny et Jane l'avaient décrite comme aussi intelligente que belle ; sa mère Mary Woolstonecraft inspirait à Shelley une grande admiration. Il se sentit tout ému en pensant qu'il allait rencontrer cette inconnue.

Il avait besoin pour être heureux, d'incarner dans un beau visage les forces mystérieuses et bienveillantes qu'il croyait éparses dans l'univers ; l'amour était pour lui une admiration passionnée, un acte de foi fatal, un mélange exquis et parfait du sensuel et de l'intellectuel.

Si Mary n'était pas venue ou si elle l'avait déçu, sans doute ce sentiment qui voltigeait, hésitant, autour de Shelley malheureux, se fût posé sur Fanny, peut-être sur Jane, mais Mary fut celle qu'il attendait.

Le visage était pur, fin et pâle, les cheveux blonds lissés en bandeaux, le front élevé, les yeux couleur de noisette, graves et doux. Un air d'intelligence douloureuse, de courage, de fierté inspira aussitôt à Shelley le même enthousiasme que lui donnait la lecture d'Homère ou de Plutarque. Il lui semblait trouver quelque chose d'héroïque en cette enfant délicate, et le mélange de l'héroïque et du féminin était ce qui le touchait le plus au monde.

« Que de sérieux et de sensibilité », pensait-il en

écoutant avec ravissement cette voix jeune. Une fille belle et pensive, à cet âge délicieux où elles unissent encore à la grâce de la femme l'ardente curiosité intellectuelle d'un éphèbe, avait toujours été à ses yeux l'œuvre d'art la plus exquise. Il désirait aussitôt passer un bras fraternel autour de ces épaules si frêles et faire briller ces yeux avides par la surprenante chevauchée d'une aérienne métaphysique. Harriet Westbrook avait imparfaitement réalisé cet idéal. Un instant il avait pu espérer trouver chez elle ce charmant alliage de beauté et de raison qu'il aurait pu tant aimer. Mais Harriet n'avait pu passer la difficile épreuve du temps. Elle manquait au fond de sérieux ; alors même qu'elle feignait de s'intéresser aux idées, son indifférence était révélée par le vide de son regard. Surtout, elle était coquette, frivole, habile aux petits manèges des femmes et cela seul eût suffi à glacer Shelley.

Cette Mary aux yeux noisette était fine et rigide comme une épée. Elevée par l'auteur de *Political Justice*, son esprit paraissait libéré de toute superstition féminine et la netteté un peu aiguë de sa voix en soulignait délicieusement l'élégante précision. Chaque soir en dînant dans la petite maison de Skinner Street, Shelley passait les heures à contempler Mary. Il avait l'air d'écouter Godwin qui exposait l'état regrettable de ses affaires et discutait le budget de l'Angleterre ou les lois sur la presse, mais ses yeux s'échappaient sans cesse.

Elle aussi était toute prête à l'aimer. La préparation romanesque avait été faite par ses sœurs qui, depuis un mois, dans toutes leurs lettres, ne parlaient que de leur poète. Mais les descriptions que l'on faisait de Shelley se trouvaient toujours inférieures à la réalité.

Elle vit tout de suite qu'elle l'intéressait. Bien qu'il ne se plaignît jamais, elle le sentait triste. Un soir, comme ils étaient seuls dans la chambre où se trouvait le portrait de Mary Woolstonecraft, elle lui parla de ses propres chagrins. Elle adorait son père, mais haïssait Mrs. Godwin. A cause d'elle la maison de Skinner Street lui était devenue odieuse. Le seul lieu au monde où elle se sentît un peu protégée était la tombe de sa mère. C'était là que tous les jours elle allait lire et méditer. Shelley, très ému, lui demanda la permission de l'y accompagner.

Ainsi après cinq ans il se retrouvait assis dans un cimetière à côté d'une vierge sérieuse et passionnée. Une fois de plus le Divin se faisait femme. Mais hélas ! Shelley n'était plus libre. Il se sentait attiré vers elle par une force toute-puissante. Il désirait prendre cette main, cette bouche à l'arc fin et parfait ; il pensait qu'elle le désirait comme lui, et leurs yeux devaient se détourner. Que pouvait-il offrir ? Il était marié. Sans doute le mariage n'est qu'une convention et, n'aimant plus, il était affranchi. Il n'avait jamais promis à Harriet autre chose ; d'ailleurs il la croyait la maîtresse du major Ryan et n'avait pas de scrupules envers elle. Mais son mariage étant légalement indissoluble, que pouvait-il donner à Mary ? Pouvait-il accepter pour elle cette existence de réprouvée qu'il n'avait pas osé imposer jadis à sa première amante ?

Pourtant un amour partagé, fût-il sans espoir, valait mieux encore que le doute et la solitude morale. Il décida de dire à Mary la vérité sur son ménage. L'amour conjugal même mourant se défend longtemps contre les coups du monde par une cuirasse de silence, mais un moment vient où l'homme trouve une joie douloureuse à exposer ses blessures. Shelley décrivait Harriet comme il la voyait maintenant et par une involontaire transposition donna à sa déception des motifs d'ordre spirituel. Il avait besoin d'une compagne qui sentît la poésie et comprît la philosophie ; Harriet ne pouvait faire ni l'un ni l'autre. Il trouvait un amer plaisir à déprécier ce qu'il avait perdu.

Il donna à Mary un exemplaire de *Queen Mab*. Le volume était dédié à Harriet « inspiratrice de ces chants ». En dessous de la dédicace imprimée, il écrivit : « Le comte Slobendorf était sur le point d'épouser une femme qui, attirée par sa seule fortune, prouva son égoïsme en l'abandonnant en prison. » Mary, rentrée dans sa chambre, ajouta : « Ce livre est sacré pour moi ; aucune autre créature que moi ne l'ouvrira, afin que j'y puisse écrire ce qui me plaira. Mais qu'y écrirai-je ? Que j'aime l'auteur au-delà de toute expression et que tout me sépare de lui, mon plus cher et mon seul amour. Par cet amour que nous nous sommes promis, je ne puis être à vous, je ne puis être à un autre, mais je suis à toi, exclusivement à toi...

Par le baiser muet, le regard invisible,
Le sourire aux autres caché...

Je me suis vouée à toi et le don est sacré... »

Ces regards que nul autre ne voit, ces sourires que nul ne comprend, Godwin les avait cependant vus et compris. L'intrigue de sa fille avec un homme marié lui parut inquiétante. Il lui montra le danger et la pria de cesser de voir Shelley. Il écrivit à Shelley dans le même sens, lui conseilla de se réconcilier avec sa femme et lui demanda de ne pas venir à Skinner Street jusqu'à ce que les passions se fussent apaisées.

Cette interdiction, pourtant bienveillante, déclencha des événements qui sans elle se seraient peut-être fait attendre plus longtemps. Shelley passionnément épris de Mary et privé d'elle, décida d'en finir. Il n'avait aucun remords à l'égard de Harriet que, malgré les affirmations de Peacock et de Hogg, témoins impartiaux, il persistait à croire coupable : « Un seul sujet l'intéresse, pensait-il : l'argent... j'assurerai son sort à ce point de vue et elle sera très heureuse de retrouver sa liberté. » Il la convoqua à Londres pour l'informer de ses intentions. Elle vint : elle était enceinte de quatre mois et fort souffrante. Quand son mari lui annonça, avec calme et bonté, qu'il avait décidé de continuer sa vie sans elle et de fuir avec une autre, mais que d'ailleurs il restait le plus bienveillant de ses amis, elle tomba gravement malade.

Shelley la soigna avec un dévouement qui la rendit plus malheureuse encore ; dès qu'elle alla mieux, il reprit l'inflexible cours de ses raisonnements : « L'union des sexes est sacrée aussi longtemps qu'elle contribue au bonheur des conjoints et elle est naturellement dissoute dès que les maux l'emportent sur les bienfaits. La constance n'a rien de vertueux en elle-même ; elle participe même du vice dans la mesure où elle tolère des défauts souvent considérables dans l'objet de son choix... »

Quand il tendait ainsi autour d'elle ses réseaux transparents et infranchissables, Harriet se sentait perdue. Comme jadis, quand elle avait voulu défendre contre lui ses croyances religieuses, elle se voyait aussitôt débordée de tous côtés. Elle savait qu'une réponse eût été possible, que cette immense douleur, cette angoisse, ce mélange d'amour et d'horreur, tout cela cherchait une expression et aurait pu la trouver si elle avait eu l'esprit plus clair ; mais elle ne découvrait pas ce qu'il aurait fallu dire. Elle rêvait qu'elle se débattait au milieu d'invisibles murailles.

Pour se soulager elle s'abandonnait à de terribles fureurs contre Mary. C'était elle qui avait tout machiné, qui avait détaché Shelley de sa femme, spéculé sur son amour du romanesque pour l'entraîner à ces rendez-vous sur une tombe, si bien adaptés à sa nature. Elle avait joué honteusement de la mémoire de sa mère.

Mary de son côté pensait à Harriet sans aucune pitié. Elle s'était fait d'elle une image odieuse. Une femme qui, ayant le bonheur d'avoir épousé Shelley, avait été incapable de le rendre heureux ne pouvait être qu'égoïste, futile et médiocre. Elle savait que Shelley traiterait sa femme généreusement, qu'il préparait une donation en sa faveur, qu'il donnerait l'ordre à son banquier de payer à Harriet la plus grande partie de sa pension, cela rassurait sa conscience. « Elle aura l'argent, elle sera très contente », disait-elle avec mépris.

Shelley était nerveux et agité. Une sorte d'insurrection sentimentale soulevait en lui les uns contre les autres des sentiments contradictoires. Quand il voyait Harriet tomber dans des accès de désespoir touchants et maladroits, il ne pouvait oublier un passé qui avait été charmant. Dès qu'il retrouvait Mary, il adorait cette grâce sérieuse. Pour s'assurer quelques heures de calme, il se mit à prendre du laudanum en doses de plus en plus fortes. Il montra la bouteille à son ami Peacock et lui dit : « Je ne m'en sépare plus jamais. » Il ajouta : « Je me répète sans cesse ces vers que vous avez traduits de Sophocle :

N'être point né, cela c'est gagner la partie.
Mais une fois paru au jour, la meilleure chose, de beaucoup,
Est de retourner là d'où l'on est venu, au plus vite. »

Deuxième partie

I

Un tour de six semaines

La chaise de poste était commandée pour quatre heures du matin ; Shelley veilla toute la nuit devant la maison des Godwin. Enfin, il vit pâlir les étoiles et les lampes. Mary, en costume de voyage, entrouvrit la porte sans bruit. Jane Clairmont qui, au dernier moment, avait décidé de partir avec sa sœur, parlait à voix basse des bagages avec une officieuse activité.

Le long voyage en voiture fatigua beaucoup Mary, mais Shelley n'osait faire arrêter, craignant que Godwin ne les poursuivît. Enfin, vers quatre heures du soir, ils arrivèrent à Douvres, où, après de difficiles négociations avec les douaniers et les marins, ils trouvèrent un petit bateau qui consentit à les mener à Calais.

Le soir était beau ; les grandes falaises blanches diminuèrent lentement ; les fugitifs se virent sauvés. Bientôt la brise se leva, et s'enfla vite en vent violent. Mary, très malade, passa la nuit étendue sur les genoux de Shelley qui, épuisé lui-même, la soutenait de son mieux. La lune descendit lentement sur l'horizon, puis, dans la totale obscurité, un orage éclata dont les éclairs frappaient à coups rapides la mer noire et gonflée. Enfin, le jour parut, l'orage s'éloigna, le vent mollit et le large soleil se leva sur la France.

Dans les rues de Calais, la gaie agitation du port, le langage étranger, les costumes pittoresques des pêcheurs et des femmes secouèrent la torpeur de Mary. Ils passèrent la journée à l'auberge, car il fallait attendre les bagages que devait apporter la malle de Douvres; celle-ci amena, avec eux, Mrs. Godwin et ses lunettes vertes. La grosse dame espérait au moins persuader Jane de rentrer à Skinner Street, mais l'éloquence de Shelley l'emporta et Mrs. Godwin repartit seule. A six heures du soir, les voyageurs quittèrent Calais pour Boulogne dans un cabriolet à trois chevaux.

*
* *

Leur plan était de gagner la Suisse, mais dès Paris leur bourse fut vide. Ils avaient une lettre pour un homme d'affaires français, Tavernier, qui devait leur procurer de l'argent. Ils l'invitèrent à venir prendre le *breakfast* à l'hôtel, et le jugèrent un parfait idiot, car il semblait avoir quelque peine à comprendre l'absolue nécessité de ce voyage de deux fillettes avec un grand jeune homme exalté.

Shelley dut mettre en gage sa montre et sa chaîne; il en obtint huit napoléons. C'était de quoi manger pendant quinze jours, et, l'esprit tranquille, ils commencèrent à explorer les boulevards, le Louvre, Notre-Dame. Bientôt ils préférèrent rester à l'hôtel et relire ensemble les œuvres de Mary Woolstonecraft et les poèmes de Byron.

Au bout d'une semaine, Tavernier, brave homme au

fond, accepta de leur prêter douze cents francs. C'était trop peu pour faire le voyage en diligence, mais ils se décidèrent de partir à pied, et d'acheter un âne pour Mary. Shelley alla à la foire aux bestiaux et revint à l'hôtel avec un minuscule baudet ; le lendemain matin, un fiacre le conduisit, avec sa femme et sa belle-sœur, à la barrière de Charenton, l'âne trottant derrière la voiture.

En 1814, les routes de France étaient peu sûres. Les armées venaient d'être dispersées ; des bandes de soldats maraudeurs détroussaient les voyageurs. Les travailleurs des champs regardaient avec surprise cette caravane de deux jolies filles en robes de soie noire, d'un adolescent aux cheveux bouclés et d'un âne petit jusqu'au ridicule.

Au bout de quelques kilomètres, l'âne se montra si fatigué que, pour terminer l'étape, Shelley et Jane durent le porter. Dans le village où ils couchèrent, ils le vendirent à un paysan et achetèrent une mule pour le remplacer.

Toute cette contrée était désolée par la guerre, les villages à demi détruits, les maisons souvent sans toit, les poutres noircies par le feu ; quand on demandait du lait à un fermier, il maudissait les Cosaques qui avaient emmené ses vaches.

Dans les misérables auberges, les lits étaient si sales que Mary et Jane n'osaient se coucher ; d'énormes rats les frôlaient dans l'obscurité. Ils prirent l'habitude de passer la nuit assis dans les cuisines des fermes. Le grand fourneau allumé alourdissait l'atmosphère ; des pleurs d'enfant, des craquements de vieux bois se mêlaient aux vagues rêveries du demi-sommeil ; Mary se demandait anxieusement si son père ne souffrait pas trop de sa fuite ; Shelley se préoccupait du sort de Harriet.

De Troyes, il écrivit une longue lettre pour lui demander de venir les rejoindre en Suisse. Elle habiterait près d'eux et là au moins serait certaine de trouver un ami sans égoïsme. Il lui donnait, avec beaucoup de naturel, des nouvelles de la santé de Mary ; cette franchise lui paraissait toute simple et il ne doutait pas de la prochaine arrivée de sa femme. Peut-être le « monde » jugerait-il immorale cette vie commune, mais qu'importait l'opinion du monde ? Ne valait-il pas mieux obéir à la pitié, à la tendresse qu'à des préjugés sans base rationnelle ? Harriet ne répondit pas.

Par Pontarlier et Neufchâtel, ils gagnèrent le lac des Quatre-Cantons. Le désir de Shelley était de se fixer à Brunnen près de la chapelle de Guillaume Tell, défenseur de la liberté. Dans le seul bâtiment libre de l'endroit, un vieux château désert et délabré, ils louèrent deux chambres pour six mois, achetèrent des lits, des chaises, des armoires, un poêle. Le curé et le médecin du village vinrent rendre visite aux nouveaux résidents : Shelley commença le jour même un grand roman *Les Assassins*, c'était l'installation définitive.

Cependant, le poêle neuf ne tirait pas et Shelley, maladroit de ses mains, essayait en vain de le faire marcher. La chambre était glacée, pleine de fumée. Au-dehors, la pluie fouettait les vitres. Les trois enfants exilés se trouvèrent bien seuls. Ils parlèrent des maisons anglaises, confortables et amicales ; du thé anglais, chaud et parfumé ; du ciel anglais, embrumé et doux ; des hommes anglais, froids et bienveillants, qui parlaient leur langue et savaient prononcer leurs noms ; des usuriers anglais, âpres mais encore obligeants. Shelley compta la bourse commune ; il ne leur restait que vingt-huit livres. En tous trois montait un désir puissant que Shelley exprima enfin : « Rentrer ! »

Dès que le mot fut dit la décision fut prise et ils se sentirent très joyeux : « C'est comique, dit Jane, de penser que nous quittions au bout de quarante-huit heures des chambres louées pour six mois et meublées à nos frais. Quand j'ai vu s'éloigner les rochers de Douvres, j'ai pensé ne jamais les revoir, et maintenant... » Ceci se passait à minuit. Le lendemain matin, par une pluie battante, un bateau les emporta vers Lucerne ; le curé de Brunnen fut bien surpris quand il apprit leur départ.

De Lucerne ils gagnèrent par le coche d'eau, Bâle, puis Cologne. Il faisait beau. Le soir, sous les étoiles, les bateliers chantaient des lieds sentimentaux. Shelley travaillait aux *Assassins* ; Mary et Jane, de leur côté, avaient chacune commencé un roman et les collines couronnées de ruines leur fournissaient mille décors parfaits pour les aventures de héros romantiques. Puis la diligence hollandaise les emporta à travers un paysage confortable et calme de canaux, de moulins et de maisons de bois ; quand ils arrivèrent à Rotterdam, ils trouvèrent leur bourse parfaitement vide. Un capitaine, après de longues discussions, consentit à les prendre à bord. La mer était aussi mauvaise que le jour de leur départ. Pendant tout le voyage, Shelley discuta avec un passager aux idées arriérées la question de l'esclavage ; Mary et Jane l'appuyèrent ardemment. Elles ignoraient tout à fait comment elles mangeraient le lendemain, mais elles savaient que Percy était un génie et que l'homme est perfectible.

II

Les parias

En arrivant à Londres, Shelley ne put payer le cab qui transportait ses bagages. Avec Mary, Jane, les valises, il se fit conduire chez son banquier qui lui apprit que Harriet avait prélevé le solde du compte. Cette nouvelle provoqua la grande indignation des deux femmes. La seule manière possible de sortir de l'aventure sans finir au poste de police était d'aller voir Harriet elle-même ; Shelley avait son adresse et la donna au cocher.

Harriet crut d'abord que son mari revenait et fut à son tour bien indignée quand elle sut que sa rivale attendait à la porte. Pourtant elle prêta quelques livres, et les trois voyageurs purent aller se loger en de pauvres chambres meublées.

La situation était mauvaise. Les Godwin refusaient absolument de recevoir les fugitifs. Shelley plaida qu'il avait appliqué les principes de *Political Justice* ; cela ne fit qu'irriter davantage l'auteur de ce traité. *Political Justice* était à ses yeux un livre théorique, dont les principes eussent pu être excellents dans un pays d'Utopie (et encore y avait-il longtemps qu'il l'avait écrit), mais à Londres au milieu d'une société impitoyable et dans sa propre maison à lui, Godwin, avec sa fille unique, l'exposer à l'ironie de ses amis, et plus encore par cette perversion de ses principes... Non, il ne pardonnerait jamais.

Cependant Shelley avait jadis emprunté de très grosses sommes pour les prêter au père de Mary et les huissiers, dès qu'ils avaient appris son retour, avaient commencé à le poursuivre. Godwin, non seulement ne pouvait pas les rembourser, mais avait de nouveaux besoins. Ces questions d'argent le contraignaient bien malgré lui, à correspondre encore avec un jeune homme dépravé et il le disait dans chaque lettre.

Cette hypocrisie d'un homme qu'ils avaient tant admiré, attristait Mary et Shelley : « Oh ! philosophie ! » disaient-ils en soupirant. Quant à Mrs. Godwin elle leur reprochait surtout d'avoir perverti sa propre fille Jane, et elle interdit à la douce Fanny de leur rendre visite. Elle-même vint une fois voir sa fille, mais rencontrant Shelley dans l'escalier, elle détourna la tête.

Avec Harriet les relations étaient tantôt faciles, tantôt difficiles suivant les sautes de son humeur. Elle ne manquait de rien, ayant encore un peu de l'argent de Shelley et recevant d'ailleurs une pension du vieux cafetier, mais elle était enceinte, et très malheureuse. Elle passait ses journées à raconter naïvement son histoire aux commères du voisinage ou à écrire à son amie Catherine Nugent, la couturière de Dublin, en petites phrases d'écolière : « *Tout âge a ses soucis. Dieu sait que j'ai les miens. La petite Ianthe va bien. Elle a quatorze mois, et six dents. Je ne sais pas ce que j'aurais fait sans ce cher bébé et sans ma sœur. Le monde est un milieu de douloureuses épreuves pour nous tous. Je ne pensais guère avoir à passer par où j'ai passé. Mais le temps cicatrise les plus profondes blessures et, pour ma douce enfant, j'espère vivre bien des années. Ecrivez-moi souvent. Dites-moi comment vous allez. Ne vous découragez pas, bien que je ne voie rien à espérer quand tout ce qui était vertueux devient vicieux et dépravé. C'est comme cela. Rien n'est certain en ce monde. Je suppose qu'il y en a un autre où ceux qui ont trop souffert dans celui-ci seront heureux. Dites-moi ce que vous en pensez. Ma sœur est avec moi, je voudrais que vous la connaissiez comme je la connais. Elle est digne de votre amitié. Adieu chère amie.* »

Parfois elle espérait. Ses amies lui disaient que les amourettes durent peu et que son mari reviendrait ; alors elle était gaie et écrivait à Shelley amicalement. Elle croyait que Mary avait fait tout le mal, qu'elle avait séduit Shelley en lui racontant d'extravagantes histoires, qu'au fond il était bon et ne l'abandonnerait pas avec deux enfants.

Parfois, au contraire, elle avait des crises de tristesse et de rage. Alors elle essayait de rendre plus difficile la vie du couple détesté ; elle faisait des dettes et envoyait les créanciers chez Shelley ; elle racontait qu'il vivait en promiscuité avec les deux filles de Godwin ; elle allait voir les créanciers de Godwin pour les exciter à être impitoyables, et Mary, qui ne l'avait jamais vue, disait en soupirant : « L'affreuse femme ! »

Un jour de novembre, Harriet eut un malaise et se crut très malade. Son premier mouvement, quand elle souffrait, était de faire appel à son mari ; elle envoya chercher Shelley pendant la nuit ; il accourut. Il voulait rester, sans se transformer à nouveau en amant, le plus dévoué de ses amis. Harriet ne comprenait pas la nuance et dès qu'il était empressé, devenait tendre. Alors il la repoussait avec une douce fermeté.

A la fin du mois de novembre, elle accoucha d'un garçon de huit mois. Cette naissance n'amena aucune réconciliation ; Shelley n'était pas sûr que l'enfant fût de lui.

Avec Mary, en dépit de leurs malheurs, il était délicieusement heureux. Ils avaient les mêmes goûts et considéraient tous deux la vie comme une université prolongée jusqu'à la vieillesse. Ils lisaient les mêmes livres, souvent à haute voix. Elle l'accompagnait dans ses démarches chez les avoués et les huissiers. Quand, au bord de la Serpentine, il s'amusait, comme jadis à Oxford, à lancer des barques de papier, Mary, assise à côté de lui, construisait la flotte avec ardeur.

Elle s'était mise, sous sa direction, à apprendre le latin et même le grec. Beaucoup plus cultivée que Harriet, elle ne voyait pas dans ces études, comme la première Mrs. Shelley, un jeu plutôt ennuyeux, mais un enrichissement de ses plaisirs. Le plus grand charme de la culture littéraire, c'est qu'elle humanise l'amour. Catulle, Théocrite, Pétrarque s'unissaient pour rendre leurs baisers plus exquis. Shelley, en voyant travailler sa nouvelle compagne, admirait la force de son esprit et la jugeait, avec joie, très supérieure à lui-même.

Le seul nuage léger était la présence de Jane, ou plutôt de Claire, car ayant décidé que son nom était laid, elle en avait imposé un nouveau qu'elle jugeait plus romantique. Elle était brillante, charmante, mais nerveuse jusqu'à la maladie et d'une redoutable susceptibilité. Rien n'était plus dangereux pour ses nerfs que la vie avec un couple jeune et amoureux. Elle avait pour Shelley une admiration passionnée qu'elle montrait un peu trop vivement. Mary s'en plaignait, mais Shelley ne trouvait ce sentiment ni désagréable, ni choquant.

Il avait horreur de la solitude ; quand Mary, qui attendait un enfant, dut renoncer à se promener à pied, à se coucher tard, il emmena Claire chez les avoués, chez les huissiers, au bord de la Serpentine, et chaque jour la pria de veiller avec lui. Il lui parlait de Harriet, de miss Hitchener, de ses sœurs. Il adorait les confidences, les longues analyses de pensée et la sincérité totale lui paraissait facile avec Claire parce qu'elle n'était pas sa maîtresse. Bientôt Mary laissa voir son impatience, et pendant tout un jour Claire, froissée des reproches de sa sœur, demeura silencieuse et sombre.

Le soir, Mary étant montée, Shelley entreprit de calmer Claire. Doucement, adroitement, patiemment, il expliqua jusqu'à minuit les sentiments un peu compliqués de leur petit groupe. Sa gentille bienveillance fut telle que Claire cessa de bouder.

— J'ai tant souffert, dit-elle.

— Souffrances imaginaires, ma pauvre Claire ; vous interprétez des gestes et des phrases auxquels Mary n'attache aucune importance.

— J'ai souffert tout de même, mais j'aime les êtres bons, qui expliquent les choses.

Il alla rejoindre Mary et lui raconta la conversation. Au-dessus de leur chambre ils entendirent Claire parler et marcher dans son sommeil. Bientôt elle redescendit ; elle était trop nerveuse et ne pouvait rester seule ; Mary la prit dans son lit et Shelley alla se coucher en haut.

Cette petite scène se répéta souvent avec de légères variantes. La nervosité de Claire gagnait Shelley. Ayant parlé de fantômes et d'apparitions pendant une partie de la nuit, ils finissaient par s'effrayer l'un l'autre.

— Qu'avez-vous, Claire ? disait Shelley. Vous êtes toute verte... Vos yeux... ne me regardez pas de cette façon.

— Et vous aussi, vous êtes étrange... L'air est pesant, chargé de monstres... Ne restons pas ici.

Ils se disaient bonsoir, gagnaient leurs chambres et presque aussitôt Shelley et Mary entendaient un grand cri : un corps roulait dans l'escalier, et Claire, le visage décomposé, racontait que son oreiller avait quitté son lit comme poussé par une main invisible. Shelley l'écoutait avec un intérêt terrifié, et Mary haussait les épaules. Elle aurait bien voulu que cette folle s'en allât.

*
* *

Les parias recevaient peu d'amis. Le groupe Boinville-Newton, en dépit de sa libre philosophie française, avait montré beaucoup de froideur quand Shelley leur avait annoncé sa vie nouvelle. Là comme chez Godwin, les actions s'accordaient bien mal avec les discours et l'indulgence théorique s'alliait, sans qu'on sût pourquoi, à la sévérité pratique. Au contraire, les sceptiques Hogg et Peacock étaient venus dès le premier appel. Ils avaient cru à l'innocence de Harriet et n'approuvaient pas la conduite de Shelley, mais ils étaient curieux et acceptaient les passions comme des maladies assez comiques.

Shelley n'avait pas invité Hogg sans inquiétude ; il craignait que ce cynique ne déplût beaucoup à ses graves amies. La première impression de Mary ne fut pas très bonne : « Il est amusant quand il plaisante, dit-elle, mais dès qu'il traite un sujet sérieux on voit que son point de vue est tout à fait faux. »

Hogg, en effet, devenait de plus en plus britannique et conservateur ; il faisait maintement l'éloge de la tradition, des sports, des *public-schools* et indiquait les bonnes années de porto. Mais ayant jugé Mary jolie et intelligente, il le dit à Shelley qui le répéta à Mary elle-même. A la visite suivante, elle le trouva beaucoup plus sympathique. Sans doute il parlait de vertu comme un aveugle des couleurs et, dans cette famille d'« âmes » enthousiastes, il était le « pécheur endurci », mais on lui reconnaissait du charme. Mary croyait deviner que sa froideur était feinte et qu'il valait mieux que ses paroles. Il avait peur d'être sincère et profond ; cela l'aurait obligé à renoncer à mille choses qu'il aimait, mais il était trop intelligent pour ne pas sentir la faiblesse de son attitude.

D'ailleurs, serviable et cultivé, il aidait volontiers Mary et Claire à traduire Ovide ou Anacréon quand leur maître habituel s'était évanoui mystérieusement ; et il accompagnait sans se plaindre ces dames chez leur modiste.

Car elles y allaient aussi, comme la pauvre Harriet, mais dans un autre esprit. Harriet achetait des chapeaux avec enthousiasme, Mary avec condescendance, et Shelley n'avait même pas à lui pardonner une concession au monde qu'elle était la première à regretter.

III

Ce qu'était Godwin

La servante de la maison meublée apporta une lettre de la part d'une dame qui attendait sur le trottoir d'en face. La lettre était de Fanny et avertissait Shelley que ses créanciers se préparaient à le faire mettre en prison pour dettes. Shelley et Claire coururent en bas de l'escalier. En les voyant, Fanny s'enfuit. Elle avait peur de Godwin qui lui avait interdit tous rapports avec les proscrits, et sans doute aussi avait-elle un peu trop admiré Shelley pour souhaiter le revoir depuis qu'il appartenait à sa sœur. Mais il courait bien et la rattrapa. Elle lui apprit que les huissiers le cherchaient, que son éditeur avait livré son adresse, que Godwin laissait faire.

Faute d'argent pour se libérer, il ne pouvait que disparaître. Il se décida à aller vivre seul en un autre logis, tandis que Mary et Claire resteraient immobiles pour déjouer l'ennemi. Ainsi, pour la première fois les amants furent séparés; cela leur parut terrible. Ils en étaient réduits à se donner rendez-vous dans des tavernes, écartées, à échanger quelques baisers furtifs, puis à se quitter aussitôt, car Mary pouvait être suivie. Le dimanche, jour où les arrestations étaient interdites, ils pouvaient rester ensemble jusqu'à minuit.

Un soir le courage leur manqua et Mary accompagna Shelley dans un misérable hôtel. Ce couple au maigre bagage paraissant suspect à l'hôte, on refusa de leur donner un repas avant qu'ils l'eussent payé. Shelley fit appel à Peacock, puis, en attendant l'argent, il ouvrit le Shakespeare qu'il avait toujours en poche et lut à haute voix à Mary *Troïlus and Cressida*. Cela leur fit oublier leur faim pendant toute une journée. Le lendemain, vers l'heure du déjeuner, Peacock leur envoya des gâteaux. Cette vie était bien difficile, mais ils trouvaient une grande joie à souffrir ensemble. Le malheur et l'amour faisaient bon ménage.

Quand ils étaient loin l'un de l'autre, en attendant la nuit protectrice, ils s'envoyaient par un messager de confiance de tendres billets griffonnés à la hâte.

« *O mon très cher amour*, écrivait Shelley, *pourquoi nos plaisirs sont-ils si courts et si interrompus ? Combien de temps ceci va-t-il durer ?... Demain à trois heures à Saint-Paul. N'oubliez pas vos vêpres d'amour avant de dormir ; moi, je n'oublierai pas mes prières.* »

« *Bonne nuit, mon amour*, répondait Mary, *demain je scellerai ce souhait sur vos lèvres. Chère et douce créature, presse-moi contre toi ; serre ta Mary sur ton cœur ; peut-être un jour retrouvera-t-elle un père ; jusque-là, sois tout pour moi, amour.* »

*
* *

En janvier 1815, cette difficile existence fut transformée par un événement depuis longtemps attendu, sans hâte, mais sans hypocrite sentimentalisme : le vieux sir Bysshe mourut, âgé de quatre-vingt-trois ans. Ainsi Mr. Timothy devenait à son tour baronnet, et Shelley héritier immédiat.

Il partit pour la maison de son père, accompagné par Claire excitée et curieuse. Il la laissa dans le village et se présenta seul à la porte de Field-Place. Sir Timothy, tout gonflé de son titre nouveau et plus indigné que jamais qu'un baronnet pût avoir un tel fils, lui fit refuser l'entrée par le laquais. Il s'assit sur les marches du perron et se mit à lire Milton en attendant des nouvelles. Bientôt le docteur sortit et lui dit que son père était très fâché, puis Sydney Shelley vint à son tour visiter furtivement le fils maudit et lui donner des détails sur le testament.

C'était un acte assez extraordinaire. L'idée fixe du vieux sir Bysshe avait été de constituer une énorme fortune héréditaire, et pour cela d'accroître le majorat autant qu'il était en son pouvoir. Il laissait deux cent quarante mille livres sterling, dont quatre-vingt mille constituaient le majorat qui revenait nécessairement à Percy à la mort de son père ; le reste était libre. Mais sir Bysshe désirait que ce reste fût joint aux quatre-vingt mille livres pour former un énorme bloc transmissible de fils aîné en fils aîné aux barons Shelley de l'avenir. Pour cela il fallait le consentement et la signature de son petit-fils, et il avait espéré l'acheter de la façon suivante : si Shelley consentait à prolonger le majorat, il aurait l'usufruit de la fortune tout entière ; dans le cas contraire il hériterait seulement (après la mort de son père) des quatre-vingt mille livres sterling qu'on ne pouvait lui enlever.

Shelley revint à Londres en méditant ces étranges nouvelles et alla les discuter avec son avoué. Il n'estimait pas pouvoir coopérer à la prolongation du majorat puisqu'il désapprouvait toute cette législation ploutocratique ; d'ailleurs il ne désirait ni pour lui, ni pour ses enfants la propriété d'une immense fortune. Ce qu'il souhaitait, c'était avoir tout de suite un revenu suffisant pour vivre selon ses goûts, et une petite somme pour payer ses dettes. Il fit proposer à son père de lui vendre ses droits contre une rente immédiate. Cette combinaison plut à sir Timothy qui, ayant abandonné tout espoir de ramener Percy à la soumission, ne pensait plus qu'à son second fils ; malheureusement les hommes de loi n'étaient pas sûrs qu'elle fût légalement possible à cause des termes du testament. Ils autorisèrent seulement la revente par Shelley à son père de l'héritage d'un grand-oncle, acte par lequel Shelley devint titulaire d'une rente annuelle de mille livres sterling et reçut comptant une somme de trois ou quatre mille livres pour ses dettes ; ce n'était pas la grande fortune, mais c'était la fin de la misère, des chambres meublées et des visites d'huissiers.

Sa première pensée fut de faire une rente à Harriet. Il lui promit deux cents livres par an qui, s'ajoutant à ce que lui donnait le père Westbrook, devaient la mettre à l'abri de toutes difficultés. Ensuite il entreprit de payer les dettes de Godwin et engagea pour y parvenir toute sa première annuité.

Le vénérable ami trouva l'offre de mille livres bien au-dessous de ce qu'il attendait. A l'entendre, rien de plus facile que d'emprunter sur un héritage maintenant proche les milliers de livres dont la librairie de Skinner Street avait si grand besoin. Shelley, excédé, mais poli, s'étonna avec une imperceptible indignation que le père de Mary pût trouver naturel d'écrire au ravisseur de sa fille pour lui demander de l'argent, et de se refuser en même temps à toutes relations avec cette fille elle-même qui avait la faiblesse d'en souffrir. A quoi Godwin répondit que c'était justement parce qu'il empruntait de l'argent au séducteur qu'il ne pouvait recevoir Mary ; sa dignité ne le lui permettait pas. Il ne pouvait risquer que le monde en vînt à dire qu'il avait troqué l'honneur de sa fille contre le paiement de ses dettes. Ses scrupules étaient si exigeants qu'il retourna à Shelley un chèque établi au nom de Godwin, en lui faisant remarquer que les noms de Shelley et de Godwin ne pouvaient plus décemment figurer sur le même chèque. Que Shelley établît son chèque au nom de Mr. Smith, ou de Mr. Hume et lui, Godwin, pourrait consentir alors à le toucher. Les lettres suivantes furent alors échangées :

Shelley à Godwin

« *Monsieur, j'avoue ne pas comprendre comment les engagements pécuniaires existant entre nous vous obligent à des restrictions dans votre conduite envers moi. Ces engagements n'existaient pas au moment de notre retour de France et cependant votre conduite fut exactement ce qu'elle est à présent. A mon avis, ni moi, ni votre fille ne méritons le traitement que nous recevons de tous côtés, et il m'a toujours semblé que c'était tout particulièrement votre devoir, à vous de qui l'opinion a tant de poids, de veiller à ce qu'une jeune famille innocente, bienveillante et unie, ne fût pas assimilée à un couple de prostituée et séducteur. Mon étonnement et, je l'avoue, mon indignation ont été extrêmes, surtout quand j'ai constaté que pour vous-même, votre famille ou vos créanciers, vous étiez prêt à reprendre ces relations avec moi qui vous avaient inspiré tant d'horreur et qu'aucune pitié pour ma pauvreté et pour des souffrances encourues pour vous, n'avait pu vous décider à renouer. Ne me parlez plus de pardon, car mon sang bout dans mes veines, et mon cœur se soulève contre tout ce qui a forme humaine quand je pense au mépris et à l'hostilité que moi, votre bienfaiteur et ardent ami, ait reçu de vous et de tout le genre humain.* »

Godwin à Shelley

« ... *Je regrette de devoir vous dire que votre lettre est écrite dans un style qui est le contraire de conciliant, de sorte que si je répondais sur le même ton, nous nous trouverions engagés dans une controverse aussi amère qu'interminable ; tant que ce corps conservera intelligence et sentiments, je ne cesserai pas de désapprouver cet acte de vous que je considère comme le plus grand malheur de ma vie.* »

Shelley à Godwin

« *Nous limiterons désormais nos rapports aux affaires. Je suis tout à fait d'accord avec vous pour emprunter sur mes annuités. Je vois très bien à quel point des avances immédiates vous sont nécessaires et je ferai tout ce que je pourrai pour vous les procurer.* »

Ce froid mépris ne découragea pas l'emprunteur.

IV

Don Juan conquis

Le bébé de Mary naquit avant terme et le médecin dit qu'il ne vivrait pas. Shelley veilla entre le berceau et le lit, en compagnie de Tite-Live et de Sénèque. Fanny apporta une layette de la part de la fantasque Mrs. Godwin, mais le philosophe demeura inflexible. Hogg vint bavarder, raconter la grande nouvelle du jour qui était le retour de l'île d'Elbe, et fit du bien à Mary par son bon sens ironique. A vivre sans cesse avec Shelley, et encore fiévreuse, elle avait l'impression douce et un peu terrifiante de s'évader de la terre et de la vie ; Hogg était plus réel.

Malgré les prédictions le bébé grandit, vécut un mois et elle commençait à se rassurer, quand un matin, en se réveillant, elle le trouva mort. Ce fut un grand chagrin.

Shelley et Claire continuaient à courir Londres ensemble ; Mary restait à la maison, tricotait et pensait à son petit enfant. « J'étais mère et je ne le suis plus », se répétait-elle ; et la nuit elle rêvait que le petit bébé n'était pas mort, qu'en le frictionnant devant le feu on avait pu le ranimer. Elle se réveillait ; le berceau était vide. Dans la rue l'on entendait des bruits de foule et des cris. C'était un temps d'émeutes populaires. De France venaient des menaces de guerre. Mary avait toujours un voile de larmes devant les yeux.

La présence de Claire dans la maison était de plus en plus un souci pour elle. Elle était certaine que Claire aimait Shelley, l'avait toujours aimé. La loyauté de Percy était évidente ; sa morale plus qu'humaine, angélique ; mais il croyait pouvoir lire Pétrarque avec une fille passionnée, diriger ses études et ses lectures, veiller avec elle des nuits entières sans qu'elle en vînt à s'enflammer. « C'est, pensait Mary, que mon charmant Shelley connaît mieux les elfes que les femmes. »

Le soir, seule avec lui, elle avouait sa jalousie. Il comprenait mal ce sentiment qu'il jugeait bas et qui diminuait sa divine Mary. Il lui semblait que sa capacité d'aimer était infinie, il ne retirait rien à sa maîtresse en protégeant une autre femme. La compagnie de cet être brillant, sauvage, lui était très précieuse, mais il dut reconnaître que l'atmosphère de leur triple ménage devenait irrespirable.

Mary le supplia de faire partir Claire dont elle ne parlait plus qu'en l'appelant « votre amie ». Ils cherchèrent longtemps à trouver pour elle un poste de gouvernante, de dame de compagnie, mais l'étrange réputation que la fuite en France lui avait faite rendait toutes démarches bien difficiles.

D'ailleurs Claire ne mettait aucune bonne volonté à s'effacer. Elle se plaisait à cette intimité intellectuelle et en attendait sans effroi les nécessaires développements. Enfin la ferme douceur de Mary l'emporta et il fut décidé que Claire serait envoyée sur la côte, en pension chez une veuve amie des Godwin.

Journal de Mary. – « Vendredi. – Pas très à mon

aise ; après *breakfast* lu Spencer ; Shelley sort avec son amie ; il rentre le premier. Traduit Ovide, quatre-vingt-dix lignes. Jefferson Hogg vient ; je lui lis mon Ovide. Shelley et la dame sortent ; après le thé, dernière conversation de Shelley et de son amie. »

« Samedi. – Claire part, Shelley l'accompagne ; Jefferson ne vient que vers cinq heures. Inquiète de ne pas voir Shelley rentrer, sors pour le rencontrer. Il pleut. Il rentre à six heures trente ; l'affaire est finie. Lu Ovide. Charles Clairmont vient pour le thé. On parle des tableaux. Je commence un autre journal avec notre régénération. »

*
* *

Claire, exilée à la campagne, goûta pendant quelques jours le grand calme après une période si orageuse, mais elle n'était pas fille à se contenter longtemps d'une solitude champêtre ; elle chercha une raison de vivre et ne manqua pas de la trouver.

Les amoureux croient toujours, bien à tort, que la rencontre d'un être exceptionnel a fait naître leur amour. La vérité est bien plutôt que l'amour préexistant cherche dans le monde son objet et le crée s'il ne le trouve pas. Seulement, alors que chez un être timide, cette démarche du cœur est inconsciente, l'audacieuse Claire, quand elle eut compris qu'il ne lui restait aucun espoir d'enlever Shelley à sa sœur, ni même de le partager avec elle, chercha délibérément un autre héros pour des sentiments sans emploi. Seule à la campagne, elle ne pouvait le découvrir près d'elle. Certaines amoureuses, en pareille situation, écrivent aux grands soldats, aux grands acteurs. Elle était cultivée et chercha un poète.

Elle n'en trouva pas de plus digne d'elle que George Gordon, lord Byron, qui était alors l'homme le plus admiré et le plus haï de l'Angleterre. Elle savait par cœur ses poèmes que Shelley lisait si souvent à haute voix avec enthousiasme ; elle connaissait la légende de vice et d'esprit, de charme diabolique et d'infernale cruauté qui s'était formée autour de son nom.

La beauté de l'homme, la grandeur du titre, le génie de l'écrivain, la hardiesse des idées, le scandale des amours, tout s'unissait pour faire de lui le parfait héros. Il avait eu de nobles maîtresses : la comtesse d'Oxford, lady Frances Webster, et cette malheureuse lady Caroline Lamb qui, le premier jour où elle l'avait vu, avait écrit dans son journal : « Fou, méchant, dangereux à connaître », et en dessous : « Mais ce beau visage pâle contient ma destinée. »

Il s'était marié et tout Londres racontait qu'en entrant dans la voiture nuptiale après la cérémonie, il avait dit à lady Byron : « Vous voici ma femme, cela suffit pour que je vous haïsse ; si vous étiez celle d'un autre, je pourrais peut-être vous aimer. » Il l'avait traitée avec un mépris tel qu'elle avait dû demander la séparation au bout d'un an. Les colporteurs de scandales racontaient qu'elle avait découvert d'incestueuses relations entre Byron et sa sœur Augusta. Depuis que courait cette sombre histoire, les âmes craintives s'écartaient de lui avec horreur.

Claire n'aimait que le difficile et avait confiance en son génie ; elle se procura l'adresse de don Juan et décida de tenter sa chance.

Claire à Byron

« C'est une étrangère qui se permet de vous écrire. Ce n'est pas la charité que je demande car je n'en ai

nul besoin : je tremble de crainte quand je pense au sort de cette lettre. Si vous voyez en moi une importune, qui pourrait vous en blâmer ? Il peut vous sembler étrange et il est pourtant vrai que je place mon bonheur entre vos mains. Si une femme dont la réputation est sans tache, qui n'est en pouvoir ni de père, ni de mari se rend à votre discrétion, si cette femme vous avoue, le cœur battant, qu'elle vous aime depuis plusieurs années, si elle vous assure secret et sécurité, si elle est prête à répondre à votre bienveillance par une affection et un dévouement sans bornes, pourriez-vous la trahir ou seriez-vous silencieux comme le tombeau ?... Je veux de vous une réponse sans délai ; écrivez-moi sous le nom de E. Trefusis, Noley Place, Marylebone. »

Don Juan ne répondit pas. Cette inconnue au style pompeux était maigre gibier pour le noble lord. Mais est-il rien de plus tenace qu'une femme fatiguée de sa vertu ? Claire attaqua une seconde fois : « Lord Byron est prié de dire s'il pourra, ce soir à sept heures, recevoir une dame qui désire lui faire une communication de la plus haute importance ; elle voudrait être reçue seule et dans le plus grand secret. » Lord Byron fit répondre par son domestique qu'il n'était pas à Londres.

Alors Claire écrivit sous son propre nom ; elle voulait entrer au théâtre, savait que lord Byron s'occupait de Drury Lane et désirait lui demander conseil. Cette fois, Byron répondit en lui conseillant de s'adresser au directeur de la scène. Nullement déroutée, elle opéra aussitôt un changement de front ingénieux ; ce n'était plus du théâtre, mais de la littérature qu'elle voulait faire ; elle avait écrit la moitié d'un roman et aurait tant aimé soumettre ses essais à lord Byron. Comme il continuait à s'en tenir au silence ou à des réponses évasives, elle risqua l'offre précise à laquelle un homme doué de quelque amour-propre répond rarement par un refus.

« *Je puis vous paraître impudente, vicieuse, mais il est une chose au monde que le temps vous montrera, c'est que j'aime avec douceur et affection, que je suis incapable de rien qui ressemble à une vengeance ou à une ruse... Je vous assure que votre avenir sera pour moi comme le mien.*

« *Avez-vous quelque objection au plan suivant ? Je sors avec vous un soir par diligence ou poste jusqu'à dix ou douze miles de Londres. Là nous serons libres et inconnus ; vous rentrerez le lendemain matin de bonne heure. J'ai tout arrangé de telle façon que le plus léger soupçon ne puisse exister. Voulez-vous m'admettre pour quelques heures à vivre avec vous ?... Où ? Je ne resterai pas un moment après que vous m'aurez dit de partir... Faites ensuite ce que vous voudrez ; allez où vous voudrez ; refusez de me voir ; conduisez-vous durement ; je ne me rappellerai que la grâce de vos manières et la sauvage originalité de votre attitude.* »

Alors enfin don Juan traqué, fatigué par une longue poursuite, prit le parti de céder à sa conquête. Il était déjà résolu à quitter l'Angleterre pour aller vivre en Suisse ou en Italie et la certitude du départ prochain contenait dans des limites supportables la durée de cette contrainte amoureuse.

V

Ariel et don Juan

Mais don Juan comptait sans l'énergie d'Elvire. Claire avait décidé de le suivre en Suisse et cette fille olivâtre était une force. Elle entreprit de se faire chaperonner par les Shelley qu'elle sentait prêts à accepter l'idée d'un départ.

Depuis qu'elle les avait quittés, ils s'étaient installés au bord de la Tamise, près de Windsor. Sous les beaux chênes du parc, Shelley avait composé sa première grande œuvre depuis *La Reine Mab* un poème : *Alastor ou l'Esprit de la solitude*, qui était sa propre histoire, à peine transposée ; le ton était bien différent de ce que Shelley avait écrit jusqu'alors ; une mélancolique résignation estompait les tranchantes affirmations de jadis ; les théories religieuses et morales, bien que cette fois encore prétexte de l'œuvre, passaient souvent au second plan ; çà et là, de beaux paysages surgissaient au détour d'une strophe.

Dans la préface il expliquait que s'il abandonnait certaines de ses marottes d'écolier, il ne regrettait rien de ses actions et préférait son douloureux apprentissage au confortable reniement d'un Hogg : « Ceux que n'attire aucune erreur généreuse, aucune soif de connaissance même douteuse, aucune vénérable superstition ; qui n'aiment rien sur cette terre et ne cherchent aucun espoir au-delà ; qui se tiennent dédaigneusement à l'écart de toute sympathie, sans se réjouir des joies humaines, sans pleurer les chagrins humains ; ceux-là et leurs semblables ont leur juste part de malédiction... Ils sont moralement morts. Ils ne sont ni amis, ni amants, ni pères, ni citoyens du monde, ni bienfaiteurs de leur pays... Ils vivent une vie inutile et se préparent un tombeau misérable. »

Toutefois, si Shelley ne regrettait rien, le séjour de l'Angleterre lui était devenu odieux. Mary, compagne non mariée, souffrait d'un isolement mondain presque complet et pensait qu'à l'étranger, son aventure étant moins connue, elle aurait plus de chances de retrouver des amies.

Elle avait eu un second enfant, celui-ci bien vivant, un beau petit garçon qu'elle avait nommé William, comme Godwin. Avec une nourrice, le ménage était lourd, la pension maigre. La vie en Suisse passait pour n'être pas chère et Claire eut peu de mal à la convaincre.

Comme au temps de leur première fuite, mais avec plus de confort, l'étrange trio traversa Paris, la Bourgogne, le Jura et alla s'installer à l'hôtel d'Angleterre à Sécheron, faubourg de Genève. L'hôtel était au bord du lac ; des fenêtres on voyait scintiller au soleil les arêtes des clapotis bleus, et sous un voile d'air lumineux trembler la sombre ligne des montagnes ; plus loin on devinait de blanches pointes comme un nuage brillant et solide. Echappés à l'hiver de Londres, ces paysages de soleil leur paraissaient délicieux. Ils louèrent un bateau et passèrent les journées entières sur le lac à lire, à dormir.

*

* *

Tandis que leur troupe enfantine vivait oubliée entre le ciel et l'eau, à travers les plaines de Flandre, Childe Harold descendait vers eux en plus somptueux équipage. L'Angleterre, dans une de ces crises d'incohérente vertu qui succèdent chez elle à la plus surprenante tolérance, venait de chasser lord Byron accusé d'inceste. A son entrée dans un bal on avait vu toutes les femmes s'enfuir comme s'il avait été le diable lui-même. Il avait décidé de quitter à tout jamais cette hypocrite patrie.

La curiosité la plus passionnée avait entouré son départ. Le monde, qui punit si durement les révoltes de l'instinct, les envie au fond et les admire. A Douvres, quand le Pèlerin s'embarqua, deux haies de spectateurs bordaient l'entrée de la passerelle ; beaucoup de femmes du monde avaient emprunté les vêtements de leurs filles de chambre pour pouvoir se mêler à la foule. On se montrait les caisses énormes qui contenaient son lit de repos, sa bibliothèque, sa vaisselle. La mer était mauvaise, et lord Byron rappela à ses compagnons que son grand-père, l'amiral Byron, était connu dans la flotte sous le nom de Jack la Tempête, parce qu'il ne pouvait s'embarquer sans bourrasque. C'est avec quelque complaisance qu'il peignait comme fond pour son propre portrait ce noir destin familial. Malheureux, il tenait à ce que ses maux fussent grands.

*
* *

Quelques jours plus tard, une extraordinaire activité se manifesta à l'hôtel de Sécheron ; c'était le branle-bas pour l'arrivée de l'illustre lord. Claire était émue malgré toute son audace ; Shelley heureux et impatient. L'accusation d'inceste, les relations de Byron et de Claire ne pouvaient le choquer ou l'éloigner. Il espérait voir se former entre Byron et sa belle-sœur les liens qui l'unissaient lui-même à Mary ; quant à l'inceste, il ne voyait aucune « raison » pour qu'un frère ne pût aimer sa sœur. Si les lois le défendaient, c'est par une de ces absurdes fantaisies où les sociétés se complaisent. Même le thème lui paraissait un des plus poétiques qu'on pût trouver. Quant à Mary, elle était heureuse de voir Claire neutralisée, fût-ce dans des conditions un peu dangereuses.

La première apparition de Byron ne déçut pas les Shelley. La beauté de ce visage était saisissante. Ce qui frappait d'abord était un air de fierté et d'intelligence, puis une pâleur de clair de lune sur laquelle ressortaient avec un éclat de velours les grands yeux animés et sombres, les cheveux noirs un peu bouclés, la ligne parfaite des sourcils. Le nez et le menton étaient d'un dessin ferme et gracieux. Le seul défaut de ce bel être apparaissait quand il marchait. Pied-bot, disait-on ; pied fourchu, insinuait Byron, qui aimait à se croire diabolique plutôt qu'infirme. Mary remarqua tout de suite que cette claudication lui donnait une grande timidité ; chaque fois qu'il avait dû faire quelques pas devant des spectateurs, il lançait une phrase satanique. Sur le registre de l'hôtel, en face du mot « âge », il écrivit « cent ans ».

Les deux hommes furent contents l'un de l'autre ; Byron trouvait en Shelley un homme de sa classe qui, malgré une vie difficile, avait conservé l'aisance charmante des jeunes gens de bon sang. La culture de cet esprit l'étonna ; lui-même avait beaucoup lu, mais sans cet extraordinaire sérieux. Shelley avait voulu connaître, Byron éblouir, et Byron s'en rendait très bien compte. Il sentit aussi tout de suite que la volonté de Shelley était une force pure et tendue alors que lui-même flottait au gré de ses passions et de ses maîtresses.

Shelley, modeste, ne vit pas cette admiration que Byron dissimulait avec grand soin. Pour lui, en écoutant le troisième chant de *Childe Harold*, il fut ému et découragé. Dans cette force, ce rythme puissant, dans ce mouvement de flot irrésistible et montant, il reconnut le génie et désespéra de l'égaler.

Mais si le poète l'enthousiasma, l'homme l'étonna beaucoup. Il attendait un Titan révolté ; il trouva un grand seigneur blessé, très attentif à ces joies et souffrances de vanité qui semblaient à Shelley si puériles. Byron avait bravé les préjugés, mais il y croyait. Il les avait rencontrés sur le chemin de ses désirs et avait passé outre, mais à regret. Ce que Shelley avait fait naïvement, il l'avait fait consciemment. Chassé du monde, il n'aimait que les succès mondains. Mauvais mari, il ne respectait que l'amour légitime. Il tenait des propos cyniques, mais par représailles, non par conviction. Entre la dépravation et le mariage, il ne concevait pas d'état moyen. Il essayait de terrifier l'Angleterre en jouant un rôle audacieux, mais c'était par désespoir de n'avoir pu la conquérir dans un emploi traditionnel.

Shelley cherchait dans les femmes une source d'exaltation, Byron un prétexte de repos. Shelley angélique, par trop angélique, les vénérait ; Byron humain, par trop humain, les désirait et tenait sur elles les discours les plus méprisants. Il disait : « Ce qu'il y a de terrible dans les femmes, c'est qu'on ne peut vivre ni avec elles, ni sans elles. » Et aussi : « Mon idéal est une femme qui ait assez d'esprit pour comprendre qu'elle doit m'admirer, mais pas assez pour souhaiter être admirée elle-même. » Le résultat de quelques conversations fut surprenant : Shelley, mystique sans le savoir, choqua Byron, don Juan malgré lui.

Cela ne les empêcha pas d'être l'un pour l'autre une précieuse société. Quand son ami, toujours grand pêcheur d'âmes, s'efforçait de le convertir à une conception moins futile de la vie, Byron se défendait par de brillants paradoxes que Shelley artiste goûtait aussi vivement que Shelley moraliste les réprouvait. Tous deux aiment le bateau à la folie. Ils en achètent un à frais communs et tous les soirs s'embarquent avec Mary, Claire et le jeune médecin Polidori. Byron et Shelley, silencieux, laissaient pendre leurs rames, et poursuivaient parmi les nuages et les reflets de la lune les images fugitives ; Claire chantait et sa belle voix entraînait la pensée dans un vol voluptueux au-dessus des eaux étoilées.

Un soir de grand vent Byron, défiant la tempête, annonça un chant albanais : « Soyez sentimentaux, dit-il, et donnez-moi toute votre attention. » Il poussa un cri rauque et prolongé, puis éclata de rire, Mary et Claire, à partir de ce jour, le baptisèrent « l'Albanais », et par abréviation « Albé ».

Shelley et Byron firent ensemble un pèlerinage littéraire autour du lac. Ils visitèrent les lieux où Rousseau avait placé la Nouvelle Héloïse : Clarens, « le doux Clarens, berceau de tout amour vraiment passionné », la

Lausanne de Bibbon, le Ferney de Voltaire. L'enthousiasme de Shelley se communiqua à Byron qui écrivit sous cette influence quelques-uns de ses plus beaux vers. Près de la Meillerie, un des violents orages du lac de Genève faillit faire chavirer le bateau. Déjà Byron se déshabillait. Shelley, qui ne savait pas du tout nager, resta impassible, les bras croisés. Son courage augmenta l'estime de Byron, mais celle-ci demeura plus silencieuse que jamais.

Les Shelley, fatigués de l'hôtel, louèrent à Coligny un cottage au bord du lac ; Byron s'installa un peu plus haut à la villa Diodati. Un vignoble séparait les deux maisons. Là, un matin, des vignerons virent Claire sortir de la villa Byron et rentrer en courant chez les Shelley. Elle perdit son soulier et, honteuse d'être vue, ne s'arrêta pas pour le ramasser ; les bons vignerons suisses, goguenards, portèrent à la mairie du village la pantoufle de la demoiselle anglaise.

Ses amours n'étaient pas heureuses. Elle était enceinte et Byron, fatigué d'elle, lui faisait durement comprendre sa lassitude. Il avait peut-être un moment admiré sa voix, son esprit, mais elle l'avait vite ennuyé. Il ne se reconnaissait aucun devoir envers cette fille qui s'était offerte à lui avec tant de persistance : « Enlevée ?... Qui fut enlevé en cette histoire sinon le pauvre cher moi-même ?... On m'accuse d'être dur envers les femmes ; j'ai été toute ma vie leur martyr... Depuis la guerre de Troie, personne n'a été aussi enlevé que moi. »

Shelley alla discuter avec lui l'avenir de Claire et de son enfant. Pour Claire, le noble lord s'en désintéressait tout à fait, désirant seulement en être débarrassé le plus vivement possible et ne jamais la revoir. C'était une thèse que Shelley ne pouvait combattre. Mais il défendit les droits de l'enfant à naître.

Byron eut d'abord l'étrange idée de le confier à sa sœur Augusta à laquelle le sentiment public l'unissait scandaleusement. Claire ayant refusé, il promit alors de s'en occuper à partir de l'âge d'un an, à la condition d'en être le seul maître.

Il devenait difficile pour les Shelley de rester auprès de lui. Non que les deux hommes fussent en mauvais termes, Shelley avait trouvé ces négociations pénibles, mais naturelles. Mais Claire souffrait, et Mary était bien souvent indignée par l'attitude de Byron et par ses cyniques propos. Quand il disait que les femmes n'ont aucun droit à manger à table avec les hommes, que leur place est au sérail ou au gynécée, sous bonne garde, la fille de Mary Woolstonecraft frémissait. D'ailleurs, une fois de plus, elle éprouvait le nostalgique désir des paysages anglais. Une maison au bord d'une rivière anglaise apparaissait à distance comme un refuge délicieux. Shelley écrivit à ses amis Peacock et Hogg d'en louer une pour lui, et le voyage de retour commença.

*

* *

Après leur départ, Byron écrivit à sa sœur Augusta : « *Ne me grondez pas, que pouvais-je faire ? Une fille imprudente, en dépit de tout ce que j'ai pu faire ou dire, a voulu me suivre, ou plutôt me précéder, car je l'ai trouvée ici et j'ai eu tout le mal du monde à la persuader de s'en aller. Enfin elle est partie.*

« *Maintenant, très chérie, je te dis en toute vérité que je ne pouvais empêcher cela, que j'ai fait tout ce que j'ai pu et que j'ai réussi à y mettre fin. Je ne l'aime pas et n'ai pas d'ailleurs d'amour disponible pour qui que ce soit ; mais je ne pouvais pourtant pas jouer le stoï-*

que avec une femme qui avait abattu huit cent milles pour me déphilosopher... Et maintenant vous en savez autant que moi, et l'histoire est bien finie. »

Shelley resta en correspondance avec Byron et n'abandonna pas le « salut » de son ami. Il lui écrivait sur un ton où la déférence pour le grand poète se mêlait à une imperceptible hauteur à l'égard de l'homme sans caractère. Au souci, si vif chez Byron, de sa réputation, de son succès, des bavardages de Londres, il opposait la vraie gloire.

« *N'est-ce rien que de créer de la grandeur, de la bonté destinées peut-être à d'infinies expansions ? N'est-ce rien que de devenir une source d'où la pensée des autres hommes tirera sa force et beauté ?... Que serait la race humaine si Homère, si Shakespeare n'avaient pas écrit ?... Non que je vous conseille d'aspirer à la gloire. Le mobile de votre travail devrait être plus sûr, et plus simple. Vous ne devriez désirer rien de plus que d'exprimer vos propres pensées, de vous adresser à la sympathie de ceux qui peuvent penser comme vous. La gloire suit ceux qu'elle est indigne de guider.* »

Lord Byron qui se dirigeait alors vers la nonchalante Venise, lisait ces exhortations avec une grande lassitude. Cette exigeante estime le fatiguait.

VI

Tombeaux dans le Jardin de l'Amour

Des trois jeunes filles qui avaient si gaiement animé la maison de Skinner Street, il n'y restait que Fanny Imlay. Elle seule qui n'était fille ni de Mr. ni de Mrs. Godwin vivait encore avec eux, et les appelait papa et maman ; elle seule, si tendre, n'avait trouvé ni un amant, ni un mari. Elle était réservée et scrupuleuse, vertus que les hommes louent, mais ne récompensent pas. Un instant elle avait pu espérer que Shelley s'intéresserait à elle et elle avait commencé avec lui, non sans violents battements de cœur, une correspondance intime. Mais les yeux noisette de Mary avaient détruit des espoirs auxquels Fanny n'avait jamais permis de prendre forme précise.

Dans cette maison désertée et toujours attristée par les soucis d'argent, Mrs. Godwin passait sur elle sa mauvaise humeur ; Godwin lui faisait entendre qu'il ne pouvait l'entretenir et qu'elle devait bientôt travailler pour vivre. Elle ne demandait pas mieux et espérait devenir professeur, mais la fuite de Mary et de Jane avait donné mauvaise réputation aux demoiselles de

Skinner Street, et les directrices d'école se méfiaient de cet élevage.

De loin, elle admirait avec un peu d'envie et de tristesse, la vie folle et romanesque, dangereuse aussi, mais variée, de ses sœurs. Qu'elle aurait voulu être au bord du lac de Genève et vivre avec ce fameux lord Byron dont tout Londres parlait ! « *Est-ce qu'il est aussi beau que son portrait ? Dites-moi s'il a une jolie voix, car c'est un grand charme pour moi. Vient-il chez vous en voisin, sans cérémonie, en visites amicales ? Je voudrais savoir s'il est capable de ce dont l'accusent ici les colporteurs de scandale. Je ne puis croire, en le lisant, qu'il soit un être si abominable. Répondez-moi à mes questions ; quand j'aime un poète, j'aimerais respecter l'homme. L'excursion de Shelley en bateau avec lui doit avoir été délicieuse. J'aimerais lire les vers que le poète a écrits sur l'endroit où Julie s'est noyée ; quand seront-ils publiés en Angleterre ? Pourrais-je voir le manuscrit ? Dites-lui que vous avez une amie qui n'a pas beaucoup de plaisirs et qui aimerait à les lire...* »

Mary, Claire et Shelley recevaient ces lettres charmantes avec une pitié un peu supérieure. Pauvre Fanny ! Comme elle restait Skinner Street ! Comme elle persistait à croire que les romans de Godwin, les affaires de Godwin, les colères de Mrs. Godwin étaient les choses les plus importantes du monde ! Son esclavage donnait aux deux jeunes femmes le sentiment de leur liberté. Sa solitude leur faisait sentir tout le prix de leur amour. Avant de quitter Genève, Shelley et Mary achetèrent une montre pour elle, cadeau un peu dédaigneux.

Quand ils rentrèrent en Angleterre et allèrent s'installer à Bath, ils la virent en traversant Londres. Elle était triste et ne parlait que de son isolement, de son inutilité. En disant « au revoir » à Shelley, sa voix trembla. Elle écrivit à Bath les mêmes lettres candides, teintées de ce vague ton d'indéfinissable reproche qu'ont les êtres dont la vie est morte envers ceux qui agissent encore. Godwin, interrompu dans son travail par de nouveaux soucis d'argent, devenait de plus en plus acariâtre ; une tante qui avait promis de prendre Fanny avec elle dans l'école qu'elle dirigeait, fit savoir que décidément la sœur de Mary et de Claire effrayerait trop les mères bourgeoises.

Un matin les Shelley reçurent de Bristol une lettre étrange, où Fanny leur disait adieu en des termes mystérieux : « *Je pars pour un lieu d'où j'espère bien jamais ne revenir.* »

Mary supplia Shelley de partir immédiatement pour Bristol. Il revint dans la nuit, sans nouvelles ; il y retourna le lendemain matin et cette fois réapparut bouleversé.

Fanny avait pris à Bristol la diligence de Swansea et était descendue à l'auberge de cette ville ; là elle s'était retirée aussitôt dans sa chambre en disant à la servante qu'elle était fatiguée. Le lendemain, comme elle ne descendait pas, les gens de l'hôtel avaient forcé sa porte et l'avaient trouvée morte. Ses longs cheveux couvraient son visage. Elle portait au poignet la montre que Shelley et Mary lui avaient donnée. Il y avait sur la table une bouteille de laudanum et une lettre commencée :

« *J'ai décidé depuis longtemps que je ne pouvais rien faire de mieux que de mettre fin à l'existence d'un être dont la naissance a été malheureuse et dont la vie n'a été qu'une série d'ennuis pour ceux qui ont ruiné leur santé en essayant de la nourrir. Peut-être en apprenant ma mort aurez-vous quelque chagrin, mais vous aurez bientôt le bonheur d'oublier qu'exista jamais la créature qui se nommait...* »

Godwin avait dit, dans *Political Justice*, que le suicide n'est pas criminel ; la seule difficulté est de décider dans chaque cas si l'intérêt social de trente ans de vie supplémentaire n'interdit pas le recours à la mort volontaire. Après le drame il écrivit à Mary pour la première fois depuis sa fuite. C'était pour prier les trois proscrits de garder le silence sur cet « incident » qui pourrait faire du tort à la famille.

*

* *

La mort affreuse de Fanny avait beaucoup ébranlé les nerfs de Shelley ; la charitable Mrs. Godwin insinua qu'elle s'était tuée par amour inavoué pour lui. Il se rappela alors certains mouvements d'émotion qu'il avait jadis négligés et se reprocha d'avoir toujours considéré Fanny comme une âme de second ordre. Peut-être avait-il, bien inconsciemment, éveillé chez elle des sentiments passionnés au moment où abandonné par Harriet, il cherchait un abri en toute tendresse de femme. Peut-être avait-elle épié, pesé, analysé avec anxiété des paroles ou des regards de lui qui ne contenaient qu'indifférence ou gentillesse complaisante : « Qu'il est difficile de suivre ces mouvements de l'âme des autres ! Quelles souffrances on peut causer sans le vouloir, sans le savoir ! Comme on peut passer à côté de sentiments profonds, parfois désespérés, sans même en soupçonner la présence ! » Donc il ne suffisait pas d'être sincère, d'avoir des intentions honnêtes. On pouvait faire autant de mal par manque de divination que par méchanceté. Toutes ces pensées le plongeaient dans une mélancolie sans fin.

Pour secouer sa tristesse, il alla, seul, faire une visite

de quelques jours au jeune critique Leigh Hunt qui avait parlé de ses vers avec un enthousiasme intelligent. Leigh Hunt habitait près de Londres un faubourg encore niché dans les bois où les fumées des toits, les champs et les arbres formaient un charmant décor urbain et champêtre à la fois. Sa femme, Marianne, était simple et cultivée ; il avait toute une niché de beaux enfants avec lesquels Shelley put jouer et se promener. Là il oublia un peu Fanny et Godwin. La visite fut brève, mais délicieuse, et il en revint tout ragaillardi.

A son retour, il trouva une lettre de Hookham, qu'il ouvrit avec curiosité, car il avait chargé l'éditeur de retrouver la trace de Harriet dont il était resté sans nouvelles depuis deux mois. Elle avait touché sa pension en mars et en septembre, au domicile du père Westbrook ; depuis octobre on ne savait où elle était.

« *Cher Monsieur*, écrivait Hookham, *il y a près d'un mois que j'ai eu le plaisir de recevoir une lettre de vous et vous avez certainement été étonné que je n'y aie pas répondu plus tôt ; j'avais l'intention de le faire, mais j'ai eu la grande difficulté de trouver les renseignements que vous désirez au sujet de Mrs. Shelley et de vos enfants. J'essayais encore de découvrir son adresse quand on est venu m'apprendre qu'elle était morte, qu'elle s'était tuée. Comme vous pouvez penser, je ne l'ai d'abord pas cru. J'ai été voir un ami de Mr. Westbrook et le doute est devenu impossible. Elle a été retirée de la Serpentine mardi dernier. Le jury qui a examiné le corps n'a reçu que peu ou pas de renseignements supplémentaires. Le verdict a été : trouvée noyée... Vos enfants vont bien et sont, je crois, tous deux à Londres.* »

Shelley partit pour Londres dans un état affreux. Il imaginait avec horreur cette tête blonde et enfantine, qu'il avait si souvent regardée avec tant de plaisir, souillée par la boue horrible des rivières et le gonflement verdâtre des noyés. Il faisait mille conjectures sur ce qui avait pu la décider à choisir une mort aussi horrible et à abandonner ses enfants.

A Londres ses amis, Leigh Hunt et Hookham, le reçurent avec affection et lui apprirent ce qu'ils avaient pu découvrir. Un entrefilet du *Times* disait : « Mardi, une femme d'apparence respectable, en état de grossesse avancée, a été retirée de la Serpentine. Elle portait une bague de prix. On suppose que le désordre de sa conduite a amené cette tragédie, son mari étant à l'étranger. »

Les commères du quartier avaient raconté ce qu'elles savaient : Harriet avait cessé de recevoir les lettres de son mari par la faute de son ancienne logeuse, qui ne les faisait pas suivre, et elle avait abandonné tout espoir de le voir revenir à elle. Elle s'était alors laissé aller à une conduite désespérée. Elle avait vécu d'abord avec un officier qui avait dû la quitter, son régiment ayant été envoyé aux colonies. Puis, incapable de supporter la solitude, avec un protecteur tout à fait bas, un groom, disait-on. Les Westbrook avaient enlevé ses enfants et refusé de la recevoir. On la décrivait enceinte, isolée, terrifiée par le scandale certain. Puis, le cadavre dans la rivière.

Shelley passa une épouvantable nuit... Dans un état de grossesse avancée... cette fin de vie... cette folie... Tous les souvenirs précis si intimes qu'il avait de la pauvre Harriet revenaient contre sa volonté pour recréer dans son imagination, affreusement vivantes, ces dernières scènes. Harriet amoureuse, Harriet effrayée, Harriet désespérée, visages qu'il connaissait trop bien. Ce nom qui, pendant quelques années, avait été pour lui presque tout l'univers, il fallait maintenant l'associer aux idées les plus basses, les plus affreuses. « Harriet, ma femme, prostituée ! Harriet, ma femme, noyée !... »

Par instants il se demandait s'il n'était pas responsable. Il rejetait cette idée de toutes ses forces : « J'ai fait ce que je devais ; j'ai toujours fait à chaque moment ce qui me paraissait le plus loyal, sans être jamais intéressé ou égoïste. Quand je l'ai quittée, nous ne nous aimions plus. J'ai pourvu largement, dans la mesure de mes moyens, au-delà de cette mesure, à son existence. Je ne l'ai pas traitée durement... seuls les odieux Westbrook... Pouvais-je sacrifier ma vie et ma raison à une femme infidèle et médiocre ? »

Sa raison répondait non ; ses amis Hogg et Peacock, qui l'entouraient affectueusement, répondaient non. Il les priait de le lui répéter, car il lui semblait par éclairs entrevoir un devoir mystérieux et surhumain auquel il avait manqué. « En brisant les liens traditionnels, on délivre dans les hommes des forces inconnues qui agissent alors sans qu'on puisse prévoir les redoutables conséquences... la liberté n'est bonne que pour ceux qui sont forts... pour ceux qui sont dignes... et Harriet était une toute petite âme. » Visage enfantin et blond de la noyée.

Au matin il écrivit une tendre lettre à Mary, dont il aimait par contraste à imaginer la douce sérénité. Il lui demandait d'accueillir les deux petits enfants, Ianthe et Charles. Son avoué venait de lui apprendre que les Westbrook se proposaient de lui en contester la garde, sous prétexte que ses opinions religieuses et sa vie en concubinage avec miss Godwin le rendaient indigne de les élever.

VII

Les règles du jeu

Une cérémonie peut-elle ajouter au bonheur d'amants épris et confiants ? L'événement prouva qu'elle peut au moins transformer le visage d'un pédant. Godwin fit voir une satisfaction incroyable en apprenant que sa fille allait devenir respectable, et future lady Shelley ; il acheva ainsi d'inspirer à son ex-disciple un grand mépris pour son caractère.

Pendant quelques jours on se demanda s'il serait convenable de célébrer ce mariage presque au lendemain de la mort de Harriet, mais les experts en choses du monde affirmèrent qu'on ne pouvait tarder davantage à faire bénir par l'Eglise une union déjà deux fois bénie par la Nature.

Il y avait quinze jours que le corps de la première Mrs. Shelley avait été retiré de la Serpentine quand Mary et Percy furent unis par un clergyman, en l'église de Sainte-Mildred, en présence de Godwin épanoui, et de Mrs. Godwin affectée et glorieuse. Le soir, pour la première fois depuis leur fuite, les Shelley dînèrent à Skinner Street.

La fête de famille fut assez triste. Dans cette petite salle à manger, Fanny avait vécu, Harriet était venue, et les ombres des désespérées, mélancoliques et insatisfaites, y tourmentaient encore les vivants. Il est vrai que la fureur de Godwin avait été changée en excessive amabilité par la cérémonie du matin, mais trop d'arrière-pensées hantaient les convives pour qu'une vraie cordialité fût possible.

Mary, ce soir-là, écrivit simplement dans son journal : « Voyage à Londres. Un mariage a lieu. Je lis Chesterfield et Locke. » Mary était un bon esprit, et la petite noyée ne lui allait certes pas à la cheville.

*
* *

Ce mariage de forme apporta au moins un avantage certain : l'argument de concubinage se trouvait supprimé à ceux qui prétendaient refuser à Shelley ses enfants. Mais les Westbrook ne cédèrent pas. Par la voix de l'ancien cafetier, les petits Charles et Ianthe Shelley s'adressèrent au lord chancelier : « Notre père, disaient-ils, s'est déclaré publiquement athée et a publié un ouvrage impie qui a pour titre : *Queen Mab* avec notes, et un autre ouvrage, où il nie l'existence d'un Créateur de l'univers, la sainteté du mariage et tous les principes les plus sacrés de la morale. » Pour ces raisons ces bébés vertueux et précoces demandaient à ne pas être élevés par un père indigne, mais plutôt par tels personnages de haute moralité que pourrait désigner la Cour et par exemple leur grand-père maternel et leur aimable tante Eliza.

L'avocat, devinant les sentiments probables du lord chancelier, se garda bien d'entreprendre la difficile défense de *Queen Mab*. Il se borna à nier l'importance d'un ouvrage écrit à dix-neuf ans.

« En dépit des violentes philippiques de Mr. Shelley contre le mariage, Mr. Shelley s'est marié deux fois avant d'avoir vingt-cinq ans ! A peine est-il libéré de ces chaînes despotiques dont il parle avec tant d'horreur et de mépris, qu'il s'en forge de nouvelles et redevient victime volontaire. On espère qu'une différence aussi évidente entre ses opinions et ses actions, amènera le lord chancelier à ne pas prendre au sérieux une publication puérile. » Quant à l'idée de confier les enfants à leur famille maternelle : « Nous croyons bon de rappeler que Mr. John Westbrook n'est nullement qualifié pour élever les enfants de Mr. Shelley. Pour miss Westbrook les objections sont plus fortes encore ; elle est illettrée et vulgaire, et surtout, c'est sur son conseil, avec sa complicité, et paraît-il, par son œuvre, que Mr. Shelley, alors âgé de dix-neuf ans, enleva miss Harriet Westbrook, alors âgée de dix-sept ans. Miss Westbrook, la tutrice proposée, avait en ce temps-là près de trente ans, et, si elle avait agi comme elle aurait dû, en fidèle gardienne et amie de sa sœur, tant de malheurs et de honte auraient été évités aux deux familles. »

L'habileté de l'avocat, qui espérait faire triompher son client en désavouant en son nom les opinions de sa jeunesse, parut à Shelley une insupportable hypocrisie. Il rédigea pour le lord chancelier une déclaration où il exposait que ses idées sur le mariage n'avaient pas changé, et que, s'il avait accepté de plier sa conduite aux usages du monde, il ne renonçait nullement à la liberté de les critiquer.

Les « attendus » du lord chancelier ne purent qu'enregistrer cet aveu : « Nous nous trouvons, dit-il, en présence d'un père qui considère comme un devoir imposé par ses principes de conseiller, à ceux sur les opinions desquels il a quelque pouvoir, comme moral et vertueux, un mode de vie que la loi tient pour immoral et vicieux... Je ne puis, dans ces conditions, me trouver autorisé à lui confier des enfants. » Cependant le lord chancelier se garda bien de les confier non plus aux détestables Westbrook ; il les remit aux soins d'un docteur Hume, médecin militaire, qui préparerait Charles à entrer dans quelque bonne école dirigée par un clergyman orthodoxe. Quant à la petite Ianthe elle serait élevée par Mrs. Hume qui lui ferait dire ses prières le matin, ses grâces avant les repas et lui donnerait à lire de bons livres et même au besoin des poètes, Shakespeare toutefois expurgé ; le tout pour cent livres par enfant. Mr. Shelley pourrait les voir douze fois par an en présence de témoins ; Mr. John Westbrook autant de fois, mais seul s'il le désirait.

Cette sentence fut très pénible à Shelley. Elle sanctionnait en quelque sorte officiellement, et sous une forme en apparence modérée et raisonnable, son exil de la société des hommes civilisés. C'était comme un brevet d'incurable folie.

*
* *

Pendant le procès, il avait acheté une maison dans la charmante bourgade de Marlow. Ariel consentait enfin à habiter une demeure humaine. Une imposante galerie fut transformée en bibliothèque et ornée de grands moulages de Vénus et d'Apollon. Le jardin était vaste ; une petite fille d'une rare beauté y jouait avec William et Clara Shelley ; c'était Alba, fille de Claire et de

Byron. Son père était à Venise où, disait-on, il s'amusait et Claire avait peu de nouvelles de lui.

Les récents malheurs de Shelley avaient dessiné leurs traces sur son visage. Il était plus maigre, plus fiévreux, plus voûté. Une violente douleur dans le côté l'empêchait de dormir et les médecins, ne pouvant l'en débarrasser, la disaient « d'origine nerveuse ».

Son humeur était assez sombre. La vie lui avait apporté tant de souffrances, ses bonnes intentions étaient devenues cause de tant de malheurs qu'il avait pris l'horreur de toute action. Il éprouvait un besoin confus et fort d'écarter de lui les redoutables groupes humains aux réactions imprévisibles, aux terribles mouvements de passion. La transformation du monde réel lui paraissait si décevante qu'il ne désirait plus satisfaire ses amours et ses haines que dans un univers malléable et docile. Des sujets de poèmes, encore vides et vagues, flottaient comme des ombres autour de lui et, se nourrissant de ses tristes rêveries, prenaient corps aux dépens de sa puissance d'agir.

Ces constructions aériennes, ces cristallins palais, qui, de leurs vapeurs légères, lui avaient si longtemps caché la vie, se détachaient lentement, comme soulevés par une force invisible. Ils ne se dissipaient pas, mais mollement balancés, montaient dans toute leur gloire transparente vers les hautes régions de la poésie pure. A la place qu'ils avaient occupée, Shelley apercevait le monde des vivants, la terre brune, dure à cultiver, les rudes visages des hommes, les femmes nerveuses et sensibles, monde résistant et cruel auquel il souhaitait échapper.

Le poème auquel il pensait le plus souvent était l'histoire d'une révolution idéale. Il n'y voulait pas des scènes de sang qui lui rendaient pénible à lire le récit, par ailleurs si beau, de la Révolution française. Il désirait qu'elle fût l'œuvre de deux amants. Son expérience personnelle lui prouvait que seul l'amour d'une femme peut inspirer un grand courage.

Ces anarchistes idylliques, Laon et son amante Cythna, devaient être les portraits transposés de lui-même et de Mary. Il les ferait monter sur le bûcher et périr pour leurs idées, comme il aurait voulu mourir lui-même, dans un dernier baiser au milieu des flammes, si délicieux que le supplice deviendrait une sorte de raffinement sensuel. Pour lui l'amour n'atteignait à toute sa force que s'il pouvait l'associer à des pensées et à des souffrances communes. Maintenant que Mary et lui, mariés, assez riches, paraissaient entrer dans une vie plus facile, il désirait s'évader de ce bonheur un peu plat, et imaginait le destin périlleux et magnifique qui aurait pu être le sien en d'autres temps et en un autre pays.

Il allait travailler dans les petites îles de la Tamise, habitées seulement par les cygnes, et, couché au fond du bateau au milieu des hautes herbes, il cherchait des images dans le ciel changeant. La contemplation des délicats changements des choses lui faisait éprouver des plaisirs infinis ; il sentait chaque jour davantage que sa mission véritable sur la terre était d'en saisir les plus fugitives nuances et de fixer celles-ci par des mots aussi légers et aussi charmants qu'elles.

Il passa tout l'été à ce travail délicieux, puis un voyage à Londres devint nécessaire. L'argent était de nouveau rare ; Shelley devait nourrir tant de bouches. Il avait à sa charge (outre Mary et les enfants) Claire et sa fille, et bien souvent la famille Godwin. Son nouvel ami Leigh Hunt avec une femme et cinq enfants, il fallait bien l'aider aussi. A Peacock il avait promis une annuité de cent livres pour lui permettre de travailler tranquillement à ses beaux romans. Même Charles Clairmont, qui ne lui était rien, ayant rencontré en France une fille charmante et pauvre, Shelley s'était chargé de la dot. Il devait, comme autrefois, emprunter aux usuriers pour satisfaire des avidités si multiples. « Vous êtes, lui dit un jour Godwin, un pur-sang que les mouches empêchent de prendre son élan. »

Heureusement pour lui Mary se chargeait de le ramener à terre et il lui pardonnait, ne la voyant plus qu'à travers la Cythna de son poème. Mary, maîtresse de maison inquiète, n'aimait pas ces visiteurs trop assidus, ce Peacock qui venait tous les soirs « sans être invité » et buvait une bouteille entière de vin. Elle désirait que Shelley s'occupât de revendre la maison de Marlow qu'ils avaient achetée trop vite. Elle voyait qu'il y souffrait du froid, et souhaitait pour lui un climat très doux, l'Italie peut-être : « *Mon très cher amour*, lui écrivait-elle à Londres, *je vous supplie d'être plus clair dans vos lettres et de me dire tous vos plans. Vous avez fait annoncer la maison, mais avez-vous dit à Madocks ce qu'il faut répondre aux acheteurs possibles ? Et avez-vous choisi entre l'Italie et la mer ? Et savez-vous comment trouver de l'argent pour nous y conduire et pour acheter toutes les choses qui seront nécessaires avant notre départ ? Et pouvez-vous faire quelque chose pour mon père avant que nous partions ? Ou après tout ne vaudrait-il pas mieux habiter une petite maison, sur une plage, où nos dépenses seraient beaucoup moindres ? Vous n'avez pas encore parlé à Godwin de vos projets d'Italie ; si vous vous décidez, je voudrais que vous le fissiez car il vaut toujours mieux parler de ces choses au moins quelques jours avant.*

« *J'ai fait ma première sortie aujourd'hui. Cette mai-*

son est horriblement froide ! Je gelais près du feu et dès que je me suis trouvée sur la route, l'air était chaud et transparent. Je désire que William m'accompagne dans mes prochaines promenades. Pour cela voulez-vous envoyer, si possible par la voiture de lundi, un chapeau de loutre pour lui. Il faut qu'il soit de la forme ronde qui est à la mode ; expliquez bien que c'est pour un garçon, et qu'il y ait autour un petit ruban doré étroit, pour qu'on puisse le serrer s'il est trop grand... Je suis assiégée par les bébés : Alba griffe et hurle, William s'amuse à enrouler un châle autour de lui, et miss Clara regarde le feu. Adieu, mon cher amour, je ne puis vous dire combien je suis anxieuse d'avoir des nouvelles de votre santé, de vos affaires et de vos plans. »

Un des sujets de plaintes de Mary était la présence d'Alba dans la maison ; on avait dit aux voisins qu'elle était la fille d'une dame de Londres et envoyée à la campagne pour sa santé, mais tout le monde pouvait constater l'attitude maternelle de Claire, et il ne manquait pas de bonnes âmes pour attribuer l'enfant à Shelley. Les vieilles accusations de promiscuité flottaient encore autour de ce ménage et la prude Mary en souffrait. Une des raisons pour lesquelles elle désirait se rendre en Italie était que ce voyage permettrait de conduire la petite fille à son père.

Shelley ne demandait qu'à partir. La famille, l'amitié, les affaires élevaient autour de lui, avec une méthodique douceur, des murailles trop solides qui l'étouffaient. Les petites vagues de la vie mordaient, perfides et nonchalantes, cette rocheuse volonté. Dans ce pays où le plus haut magistrat du royaume lui avait enlevé ses droits civiques, il se sentait toujours comme au pilori. Il lui sembla qu'en fuyant l'Angleterre il redeviendrait un esprit aérien et libre, qu'en pays étranger sa vie serait une feuille blanche où il pourrait composer une existence nouvelle comme un beau poème.

Quand le départ fut décidé, Mary demanda que les enfants fussent baptisés. Elle pensait qu'il valait mieux pour leur bonheur débuter dans la vie en observant les règles. Shelley y consentit et, le même jour qu'eux, la fille de Byron reçut le baptême et les noms de Clara Allegra.

VIII

« Reine de marbre et de boue »

Le ciel clair de l'Italie, ce ciel fidèle, sans un nuage. Une fois de plus la caravane des Trois descendit vers les pays de l'oubli et du soleil ; les enfants et les nourrices qui maintenant l'accompagnaient avaient à peine alourdi ses mouvements rapides et fantasques.

Par le Mont-Cenis ils gagnèrent Milan, où ils firent un premier arrêt pour attendre des nouvelles de Byron auquel Shelley avait écrit pour lui annoncer l'arrivée de sa fille. A Milan il passa ses journées dans la cathédrale, à lire *l'Enfer* et *le Purgatoire*. Il aimait les trois fenêtres gothiques et géantes qui répandent sur le chœur du Duomo une lumière si religieuse. Les églises ne lui inspiraient plus la même horreur que jadis : depuis qu'il avait tant souffert, il s'étonnait d'y trouver mieux qu'en aucun autre lieu un cadre qui convenait à ses sentiments et digne de la grandeur des passions humaines. Avec Dante, et dans cette symphonie de couleurs sombres et chaudes, le catholicisme cessait de lui apparaître comme l'invention d'imposteurs.

La réponse de Byron arriva. Il ne voulait voir Claire à

aucun prix et fuirait de tous lieux dont elle s'approcherait ; quant à la petite, il voulait bien se charger de son éducation, mais toujours à la condition d'en être seul maître. Shelley trouvant ces lois bien dures, essaya d'en obtenir de plus douces, mais Byron, qui désirait avant tout mettre sa vie à l'abri des scènes de Claire, refusa de céder en rien. Un Vénitien rencontré à Milan raconta que le « milord anglais » menait à Venise une vie de débauche et y entretenait tout un harem. Cela ne laissait pas d'être inquiétant pour l'éducation d'Allegra et Shelley conseilla à Claire de renoncer à tout secours de Byron plutôt que de lui confier l'enfant. Il se chargeait, comme toujours, de tous les frais. Mais Claire était orgueilleuse. Fière de la naissance d'Allegra, elle en voulait pour sa fille les avantages ; elle avait toute confiance en Elise, la nourrice suisse qui avait élevé la petite, et décida de les envoyer toutes les deux à Venise. Malgré les avertissements affectueux de Shelley, Allegra fut livrée à son père.

*
* *

Bientôt les nouvelles reçues d'Allegra inquiétèrent Claire. Byron n'avait gardé que quelques semaines l'enfant chez lui. D'abord très fier de la trouver belle, de la voir admirée et caressée par les Vénitiens sur la Piazza, il s'était vite fatigué d'un jeu monotone et l'avait confiée à la femme du consul anglais à Venise, Mrs. Hoppner. Qu'était cette Mrs. Hoppner ? Comment traiterait-elle une étrangère ? Elise la disait très bonne, mais Claire commençait à ressentir de terribles regrets. Pendant tout un an elle n'avait pas quitté sa fille ; elle l'adorait ; c'était le seul être au monde qu'elle pût appeler sien puisque sa famille la repoussait et que son amant refusait de la recevoir. Shelley la vit si malheureuse qu'il offrit de l'accompagner à Venise et que Mary, malgré sa répugnance à les voir voyager ensemble, y consentit. Le domestique Paolo, homme débrouillard et actif, les accompagna comme courrier.

Pour ne pas irriter Byron qui avait interdit à Claire l'entrée de toute ville où il se trouverait, ils avaient décidé qu'elle s'arrêterait à Padoue et attendrait le résultat de l'ambassade de Shelley. Mais si près d'Allegra elle ne put résister. Elle pensa qu'en se cachant elle pourrait voir sa fille et prit avec Shelley une gondole qui descendait la Brenta. Ils traversèrent la lagune le soir, par un orage violent, tandis qu'au loin les lumières de Venise brillaient confusément sous le rideau de pluie.

Dès le lendemain matin, ils allèrent chez les Hoppner qui les reçurent avec politesse et bonté. Mrs. Hoppner envoya aussitôt chercher Elise et le bébé. Allegra avait beaucoup grandi ; elle était pâle, moins vive que jadis, mais toujours aussi belle. Puis on parla de Byron, longuement. Les Hoppner, braves gens, de moralité très traditionnelle, jeune couple amoureux excité par toutes ces intrigues, un peu humanisé par l'indulgente Venise, racontèrent en hochant la tête.

Dès le troisième jour de son arrivée, il s'était procuré, comme il aimait à le dire, une gondole, et une maîtresse. La maîtresse était Marianna Segati, femme d'un marchand de drap qui avait loué des chambres au poète. Imprudente affaire, mais le drap se vendait mal. La femme avait vingt-deux ans, des yeux noirs superbes, une voix délicieuse. Bien que de petite condition bourgeoise, elle était reçue par l'aristocratie vénitienne qui aimait à l'entendre chanter. Qu'elle dût s'éprendre du noble étranger, beau, généreux et génial qui venait habiter chez elle, cela était aussi nécessaire que les réactions chimiques les plus simples. Quant au marchand de Venise, Byron avait le ducat facile et la morale vénitienne admettait un amant au moins.

Mrs. Hoppner, petite femme douce aux yeux intelligents, avait raconté cette histoire avec l'air de tristesse et de gourmandise des honnêtes femmes qui parlent du vice. Son mari, avec mille précautions, ajouta que ce n'était pas tout. On racontait dans le peuple vénitien que le seigneur anglais avait quelque part dans la ville une maison mystérieuse où une Muse ne lui suffisant pas, il réunissait les neuf sœurs. Toute une légende s'était formée ; les Anglais de passage parlaient de Néron et d'Héliogabale. Le peuple admirait et, sous le masque de carnaval, les femmes s'accrochaient à Byron. Ces récits n'étaient pas rassurants pour Claire. Elle demanda ce qu'elle devait faire ; le consul lui conseilla surtout de ne laisser savoir à aucun prix qu'elle était à Venise, car Byron exprimait souvent son extrême crainte de la voir arriver.

A trois heures, Shelley alla rendre visite au palais Mocenigo à Byron qui lui fit grand accueil, Shelley étant peut-être le seul homme au monde avec lequel il consentît à parler sérieusement et d'égal à égal. Même lorsque lui furent expliqués le but du voyage et le désir de Claire de revoir l'enfant, il resta calme et raisonnable. Il dit qu'il comprenait très bien les soucis de Claire ; qu'il ne pouvait lui envoyer Allegra parce que les Vénitiens, qui l'accusaient déjà d'être capricieux, diraient qu'il s'était fatigué de l'enfant ; mais qu'il allait réfléchir, et trouverait un moyen de tout concilier. Puis il proposa une promenade à cheval au Lido.

A travers la lagune, la gondole les y conduisit. Les

chevaux attendaient sur la longue place à demi submergée, semée de charbons et d'algues. Shelley aima ces sables déserts, ce galop presque au milieu des flots. Seule l'idée que Claire anxieuse l'attendait chez les Hoppner gâta un peu son plaisir.

Byron parla de la sotte attitude des Anglais à son égard. Ceux qui venaient à Venise le poursuivaient de leur curiosité et payaient ses domestiques pour voir sa chambre à coucher. Puis il en vint aux malheurs de Shelley avec de grandes protestations d'amitié. « Si j'avais été en Angleterre, j'aurais remué ciel et terre pour vous faire rendre vos enfants. » Cela l'amena à traiter de la méchanceté humaine qu'il jugeait infinie :

— Les hommes se haïssent les uns les autres... Espérer ou souhaiter autre chose, c'est la marque d'un esprit visionnaire.

— Pourquoi ? dit Shelley. Vous semblez admettre que l'homme subit ses instincts sans pouvoir les diriger... Ma foi est tout autre ; je crois que notre volonté peut créer notre vertu... Que la méchanceté soit naturelle, cela ne prouve pas qu'elle soit invincible.

Byron montra la cité praticienne que le soleil couchant peignait de pourpre sombre et d'or en fusion : « Remontons en gondole, dit-il, je vais vous faire voir quelque chose. » Après qu'ils eurent glissé quelques minutes sur la lagune, il reprit : « Regardez vers l'ouest et écoutez. N'entendez-vous pas le son d'une cloche ? »

Shelley vit alors, sur une île assez petite, un bâtiment de briques, sans forme, presque sans fenêtres, que dominait une tour ouverte dans laquelle une cloche noire se balançait sur le ciel vermillon. On eût dit qu'au bruit des rames se mêlaient des cris d'appels lointains étouffés.

— Ceci, dit Byron, est la maison des Fous. Tous les

soirs, en traversant l'eau à cette heure, j'entends la cloche appeler les fous à la prière.

— Sans doute pour remercier le Créateur de ses bontés envers eux ?

— Toujours le même, Shelley ! dit Byron sauvagement. Infidèle et blasphémateur !... Et vous ne nagez pas ? Gare à la Providence !... Mais vous parliez de vaincre nos instincts ?... Ne vous semble-t-il pas plutôt que ce spectacle est l'image de notre vie ? La conscience est une cloche qui nous appelle à la vertu... Comme ces fous, nous obéissons, sans savoir pourquoi. Puis le soleil se couche, la cloche s'arrête, et c'est la mort.

Il regarda Venise qui, dans la lumière crépusculaire, était devenue d'un gris rose.

— Nous autres, Byron, dit-il, nous mourons jeunes... Du côté de mon père comme du côté de ma mère... Cela m'est égal, mais je veux jouir de ma jeunesse.

*

* *

Le lendemain Shelley, qui était venu à Byron avec inquiétude, fut agréablement surpris de le trouver raisonnable. Il offrit de céder à Shelley et à Claire, pour deux mois, une villa qu'il possédait près de Venise, au-dessus d'Este, et d'autoriser Allegra à y faire un séjour. Shelley ne pouvait qu'accepter des propositions si généreuses et il écrivit à Mary de le rejoindre aussitôt.

« *J'ai dû prendre la décision sans vous ; j'ai fait pour le mieux, et vous devez, ma bien-aimée Mary, venir me gronder si j'ai eu tort, m'embrasser si j'ai eu raison. Pour moi je n'en sais rien du tout, et les événements le montreront. En tout cas, ici nous n'aurons pas l'ennui d'avoir à nous présenter et vous trouverez Mrs. Hoppner, qui est si bonne, si belle, si angéliquement douce que si elle était en même temps aussi sage, ce serait tout à fait une Mary, mais elle n'a pas votre perfection. Ses yeux sont comme un reflet des vôtres ; ses manières, les vôtres quand vous connaissez et aimez les gens... Embrassez pour moi les* darlings *aux yeux bleus. Ne laissez plus William m'oublier. Ca*[1] *est trop petite pour se souvenir de moi.* »

Le voyage de Mary fut pénible ; à Florence elle eut des difficultés de passeports qui la retinrent assez longtemps ; la petite Clara, qui faisait ses dents, souffrit beaucoup de la chaleur, de la fatigue, du changement de lait et arriva à Este assez malade.

Pendant quinze jours elle resta fiévreuse. Le médecin d'Este paraissant tout à fait stupide, Shelley et Mary décidèrent d'emmener l'enfant à Venise pour en consulter un meilleur. A Fusina, la douane autrichienne les arrêta et prétendit les empêcher de traverser la lagune. Shelley passa outre avec une violence inouïe et se précipita dans une gondole. La petite Ca avait d'étranges mouvements convulsifs de la bouche et des yeux. Pendant le trajet elle parut presque inconsciente. A l'hôtel des symptômes furent plus mauvais encore. Un médecin dit tout de suite qu'il n'y avait pas d'espoir. En une heure, elle mourut silencieusement, sans paraître souffrir.

Mary se trouva soudain dans le vestibule d'une auberge, inconnue, son enfant morte dans les bras. Mrs. Hoppner vint et l'emmena chez elle. Le lendemain matin, une gondole où monta Shelley emportait le petit corps au Lido et Mary s'efforça de secouer sa tristesse

1. Nom que Shelley et Mary donnaient à la petite Clara.

C'était un des principes de Godwin que seuls les êtres de nature faible et lâche s'abandonnent à la douleur et que celle-ci dure peu quand nous ne nous y complaisons pas secrètement par une sorte de cruelle vanité de souffrir. Sa fille partageait ses idées sur ce point. Le surlendemain de l'enterrement, elle écrivit dans son journal : *« Lu le quatrième chant de* Childe Harold. *Il pleut. Vu le palais des Doges, le pont des Soupirs, etc. A l'Académie avec Mrs. Hoppner ; vu quelques belles peintures. Visite à lord Byron, où j'ai trouvé la Fornarina. »*

*
* *

La Fornarina était la nouvelle maîtresse de Byron, fille à l'aspect populaire et sauvage. « Vous verrez qu'elle est belle, avait dit Byron à Shelley. De grands yeux noirs et un corps de Junon ; des cheveux ondulés qui brillent au clair de lune ; une de ces femmes qui par amour iraient jusqu'en enfer. J'aime ces sortes d'animaux et j'aurais certainement préféré Médée à toutes les femmes du monde. »

C'était en effet un étrange animal que cette belle boulangère, et tout à fait indomptable. Elle était si féroce que les domestiques en avaient une folle terreur, même Tita, le gondolier géant du poète. Jalouse, insupportable, fausse comme un démon, et parfaitement ridicule depuis qu'elle avait voulu remplacer son beau châle par des robes élégantes et des chapeaux à plumes que Byron jetait au feu au fur et à mesure qu'elle les achetait. Mais il tolérait ses folies, parce qu'elle l'amusait. Il aimait sa vivacité, son accent vénitien, sa violence. Cette âme fruste et proche de la bête le reposait, croyait-il, mieux que toute autre du travail spirituel. Grâce à elle son poème avançait allègrement, dans un mouvement superbe, avec quelque chose de la naturelle et mouvante furie de l'océan et de la femme amoureuse.

Aux Shelley, qui étaient la civilisation même, cette admirable brute ne pouvait que déplaire. Ils échangèrent des regards attristés. Pendant les quelques jours qu'ils passèrent encore à Venise, Shelley vit de plus près la vie de lord Byron et le jugea sévèrement. Le poète associait à ses débauches les femmes que ses gondoliers ramassaient dans les rues. Puis, mécontent de lui-même, il décrétait que l'homme est méprisable. Son cynisme ne parut plus à Shelley qu'un masque élégant pour sa bestialité.

Enfin les Shelley rentrèrent à Este, bien tristes d'y revenir sans leur petite fille. Pourtant la maison était gaie. Dans le jardin, une vigne en espalier conduisait à un charmant pavillon qui devint la retraite favorite du poète. De là on découvrait au premier plan le vieux château d'Este ; puis, comme une mer verte, la plaine sans vagues de Lombardie, où de belles villas formaient des îlots baignés dans l'air vaporeux : dans le lointain la solitaire Padoue, et Venise dont les dômes et les campaniles frangés d'or brillaient dans un ciel de saphir.

Shelley travaillait ; il avait commencé un *Prométhée délivré*, un drame lyrique sur le livre de Job ; il essayait de noter, en vers légers comme des coups d'aile, la mélancolique beauté de cette lumière automnale. Mais dès que tombait la délicieuse excitation du travail, il se sentait oublié, solitaire. Il lui semblait que de cette barque fragile qui emportait, sous un ciel étranger, le petit groupe de jeunes exilés chassés d'Angleterre par la tempête, la Douleur avait pris le gouvernail.

IX

Le cimetière romain

Après un mois, il fallut rendre à Byron sa villa et lui ramener Allegra. La pluie et l'hiver inspirèrent à Shelley le désir d'émigrer vers le Sud. Il avait besoin, pour être heureux, de chaleur et de sympathie ; climats et villes inconnues tentaient sa mélancolie.

La route de Rome serpentait au milieu de vignes déjà rougissantes. A chaque pas on rencontrait des attelages de bœufs blancs comme du lait, de virgilienne beauté. Ils traversèrent Ferrare, puis Bologne où ils virent tant d'églises, de statues et de tableaux qu'il leur sembla que leur cerveau devenait comme un portefeuille d'architecte ou un magasin d'estampes. Par Rimini, Spoleto, Terni, villes romantiques, ils arrivèrent dans la campagne romaine, parfaite solitude, à la fois charmante et sublime. Quand ils entrèrent dans la ville, un immense épervier plana au-dessus d'eux.

A Rome, la majestueuse tristesse des ruines les toucha. Shelley admira le cimetière anglais, près de la tombe de Cestius, le plus beau et le plus solennel qu'il eût jamais vu. Le vent faisait chanter les feuilles des arbres au-dessus des tombes de jeunes femmes et d'enfants. C'était le lieu où l'on eût souhaité dormir.

Après un voyage de trois semaines, ils arrivèrent à Naples et louèrent un logis d'où l'on découvrait la baie bleue, toujours semblable et toujours différente. Nuit et jour on voyait fumer légèrement le Vésuve, et la mer réfléchir ses flammes et son ombre. Le climat était celui d'un printemps anglais, bien que peut-être manquât ce crescendo continu de douceur qui donne tant de charme aux pays tempérés. Ils allèrent à Pompéi, Salerne, à Pæstum, belles visions trop courtes qui laissaient dans l'esprit de blanches et confuses images comme un rêve à demi oublié. Malgré tant de beauté, ils n'étaient pas heureux.

Ils ne connaissaient personne, et le perpétuel isolement de leur petit groupe leur devenait pénible. Sous ce beau soleil, ils pensaient avec envie à Richmond, à Marlow, à Londres même. Qu'étaient ces montagnes et ce ciel bleu, sans un ami ? Les plaisirs de société sont l'alpha et l'oméga de l'existence, et les paysages présents, si réels, si beaux soient-ils, s'évanouissent en fumée si l'on pense à des décors familiers, médiocres peut-être en eux-mêmes, mais sur lesquels le souvenir répand ses couleurs délicieuses.

Dans les rues, ils regardaient avec envie les pauvres gens, auxquels d'autres pauvres gens disaient bonjour. Shelley, qui se sentait si plein de tendresse pour les hommes, s'étonnait douloureusement de se trouver toujours seul au milieu d'eux. Mary surtout souffrait d'être partout « l'étrangère ». Elle était de nouveau au début d'une grossesse ; Claire lui devenait insupportable ; et elle avait de graves ennuis domestiques. Son valet italien Paolo avait séduit la nourrice suisse. Elle voulait le forcer à l'épouser, et quand le coquin finit par y consentir, ce fut pour partir aussitôt avec sa femme en jurant de se venger. Puis Claire fut très malade, d'une étrange maladie que Mary comprit mal.

Mécontents, fatigués de Naples, ils décidèrent de retourner à Rome. Un perpétuel besoin de changement les agitait, comme le malade qui dans son lit cherche en vain une place fraîche et transporte sa fièvre avec son corps. La chaleur du printemps romain parut fatiguer le petit William. Le médecin leur conseilla de l'emmener rapidement plus au nord. Ils allaient partir quand brusquement un violent accès de dysenterie se déclara.

Pendant soixante heures Shelley ne quitta pas la main de son petit garçon. Il s'y était attaché de plus en plus. C'était un enfant intelligent, affectueux et sensible. Il avait de beaux cheveux blonds soyeux, un teint transparent, des yeux bleus, animés et sérieux. Quand il dormait, les femmes italiennes venaient, sur la pointe du pied, se le montrer les unes aux autres. Comme il était déjà en agonie, le médecin crut le sauver. Il vécut encore trois jours, puis à midi, par un soleil admirable, mourut.

On l'enterra dans le cimetière anglais dont son père, en traversant Rome, avait trouvé si charmante la silencieuse solitude. Le vent chantait encore dans les feuilles des arbres. Près d'une tombe antique, au milieu des fleurs et de l'herbe ensoleillée, Shelley vit disparaître son enfant mort.

Fanny... Harriet... la petite Clara... William... Il lui sembla qu'une atmosphère pestilentielle l'entourait et infectait les uns après les autres tous ceux qu'il aimait.

*

* *

Le jeune couple sur lequel les dieux semblaient se divertir à frapper à coups si durs, les avait jusque-là bravement supportés. Mais cette fois Mary abandonna la lutte.

Shelley l'emmena à la campagne, dans une belle villa. Tout lui était indifférent. Elle pensait à de petits pas, sur le sable des plages napolitaines, à ces belles expressions naïves qui disent si vivement l'amour, l'étonnement et le plaisir. Immobile, les yeux fixés au loin dans une sorte de torpeur, elle ne sortait de son silence que pour s'inquiéter de la tombe romaine ; elle voulait pour son bel enfant un bloc de marbre blanc, des fleurs.

Godwin, informé de sa tristesse, la lui reprocha. Par l'exhibition d'une douleur si banale elle diminuait son caractère ; elle se mettait au rang de toute la masse de son sexe. Que lui manquait-il ? N'avait-elle pas l'homme de son choix, les biens de fortune et par là le moyen de se rendre utile à l'humanité ? « Mais vous avez perdu un enfant, et tout le reste de l'univers, tout ce qui est bon, tout ce qui a droit à votre bienveillance, tout cela n'est rien parce qu'un enfant de trois ans est mort ! »

Shelley lui-même se plaignait doucement : « *Ma très chère Mary, où es-tu partie, me laissant tout seul dans ce monde aride ? Ta forme est là, charmante, mais toi, tu t'es enfuie par la route solitaire qui conduit aux obscures retraites du chagrin...* »

Pour lui, il avait ses retraites aériennes, et quand il s'y réfugiait le lugubre drame de sa vie n'était plus qu'un cauchemar absurde. Là il achevait son *Prométhée*, nouvelle transposition du thème unique de son œuvre : la lutte de l'Esprit contre la Matière, la lutte de l'homme libre contre le monde. Jupiter y devenait une sorte de lord Castlereagh ; le Titan enchaîné un autre Shelley, victime remplie d'espérance, confiante dans le triomphe final du Bien. Les beaux ciels sans nuages, les tourbillons de vent tiède de l'ouest, tout lui était prétexte à chanter cette foi désespérément optimiste qu'aucun malheur n'avait pu abattre : « Vent, fais de moi ta lyre, comme l'est cette forêt ! Qu'importe si mes feuilles tombent comme les siennes !... Deviens par mes lèvres, pour la terre endormie, la trompette d'une prophétie ! O, Vent, si l'Hiver vient, se peut-il que le Printemps soit loin ? »

Quand le moment de l'accouchement de Mary approcha, ils partirent pour Florence, afin d'être à portée d'un bon médecin. Le meilleur fut Florence elle-même, ville où la solitude est sans amertume. A Florence on vit avec Dante ; on s'assied à côté de Savonarole ; on voit passer Giotto. Dans les églises, Brunelleschi et Donatello rivalisent encore amicalement. Les statues y vivent dans la rue avec plus de familiarité qu'ailleurs. Sur la place, le David vainqueur défie le Neptune imbécile et l'Hercule maladroit de Bandinelli. On souffre moins de ne pas connaître les enfants qui passent, devant ceux de Della Robbia.

Shelley aimait à regarder la ville des hauteurs de San Miniato. Les toits roses dessinaient leurs formes précises ; l'Arno gonflé par les pluies roulait ses eaux jaunes entre les vieilles maisons qui semblaient une foule humaine accourue sur les rives et sur les ponts ; dans le lointain la vallée découvrait un horizon de collines bleuâtres.

Dans cette atmosphère toute chargée d'esprit, Mary reprenait quelque goût pour la vie. A la pension de famille elle parlait avec les « gens de dessous ». Son accouchement fut heureux et rapide. Quand elle se vit de nouveau avec un bébé dans les bras, elle sourit pour la première fois depuis la mort de William.

Elle appela son fils Percy-Florence.

X

Any wife to any husband

Tout dans la vie arrive par séries. Un ami en amène un autre. Mary et Percy, qui avaient tant souffert de la solitude, se trouvèrent soudain, sans l'avoir cherché, le centre d'un petit groupe animé et agréable.

Le hasard avait fait ce miracle. D'abord Shelley avait recommencé à souffrir de sa douleur dans le côté. Le vent des Apennins, si rude l'hiver à Florence, lui était pénible, et le médecin lui avait conseillé d'aller vivre à Pise, mieux abritée.

Là un de ses cousins, Tom Medwin, était venu le rejoindre. C'était un ancien officier de l'armée des Indes qui, se piquant de littérature, avait eu l'idée de chercher la société du seul lettré de la famille. Il était parfaitement ennuyeux, mais brave homme, et il présenta aux Shelley un couple charmant, les Williams.

Edward Williams était, comme Medwin, un ancien officier de dragons. Il avait dû donner sa démission à cause, disait-il, de sa mauvaise santé. C'était un garçon franc, très simple, sans prétentions, et s'intéressant à tout. Il plut beaucoup aux Shelley, et sa femme leur parut délicieuse, très jolie, de manières raffinées, excellente musicienne. Tout de suite ce fut entre les deux ménages une profonde sympathie, et les Shelley connurent enfin cette douce vie de visites spontanées, d'éloges délicats, de confiance qui fait le charme des vraies amitiés.

Dès qu'un groupe existe, les isolés s'y agrègent. Il leur vint un Irlandais, le comte Taaffe ; un Grec, le prince Mavrocordato, et un extraordinaire prêtre italien au diabolique et pénétrant visage d'inquisiteur de Venise, le révérend professeur Pacchiani, dit le Diable de Pise, abbé sans religion et professeur sans chaire, grand amateur de femmes et de tableaux, antiquaire, procureur, connaisseur et entremetteur universel. C'était l'homme qui trouve toujours un *palazzo* à louer et touche sa commission du locataire et du propriétaire, recommande un professeur d'italien et partage avec lui le prix des leçons et glisse mystérieusement à l'Anglais de passage le nom d'un *marchese* désireux de vendre un Andrea del Sarto.

Familier d'une maison le jour même où il y pénétrait, Pacchiani appelait Mary et son amie Jane, les « belle Inglese » et les amusait en leur racontant l'histoire intime des grandes familles de Pise dont il était l'ami et le confesseur.

*
* *

Un des récits de l'abbé émut vivement Shelley. Le comte Viviani, l'un des hommes les plus importants de la ville, venait de se remarier avec une femme beaucoup plus jeune que lui ; il avait eu de sa première femme deux filles charmantes, et la nouvelle comtesse, jalouse de la beauté de ces jeunes filles, avait obtenu de son mari qu'il les enfermât dans deux couvents de Pise jusqu'à ce que quelqu'un consentît à les épouser sans dot. Le professeur, qui avait connu les « contessine » depuis leur enfance, parlait avec enthousiasme de leur beauté et de leur esprit. L'aînée surtout, Emilia, était une sorte de génie.

« *Poverina!* disait Pacchiani. Elle est là comme un oiseau en cage. Elle voit ses jeunes années passer sans but, elle qui était faite pour l'amour. Hier, elle arrosait quelques fleurs dans sa cellule : "Oui, leur disait-elle, vous êtes nées pour végéter, mais nous, êtres pensants, nous sommes faits pour agir et non pour nous flétrir sur place..." Ce couvent de Sainte-Anne est un affreux endroit ; en ce moment-ci les pensionnaires y grelottent de froid et n'ont pour se chauffer que quelques cendres sur un récipient de terre. Vous auriez pitié d'elles. »

Ce récit réveilla en Shelley tous ses sentiments de chevalier errant, endormis depuis quelques années dans la paix de la vie conjugale. Il posa mille questions, et montra tant d'indignation contre le vieux comte, tant d'intérêt pour la belle victime que Pacchiani, qui ne pouvait résister au délicieux plaisir de s'entremettre, suprême sensualité des vieillards, proposa de l'emmener au couvent de Sainte-Anne.

C'était en effet une misérable maison ; les visiteurs traversèrent un portail en ruine ; l'abbé alla chercher Emilia, et bientôt Méphistophélès revint avec Marguerite. Il n'avait pas exagéré la beauté de la jeune fille ; ses cheveux noirs étaient noués simplement comme ceux d'une muse grecque : son profil sans défaut semblait l'œuvre d'un parfait sculpteur ; la pâleur du teint faisait ressortir l'éclat des yeux qui possédaient cette expression à demi endormie et profondément voluptueuse, où certaines Italiennes surpassent les Orientales.

Dès qu'elle entra dans le triste parloir, Shelley sentit qu'il l'aimait. Amour qui n'était pas un désir charnel, mais un besoin de se sacrifier, d'admirer, de se sacrifier pour ce qu'on admire. Il conservait toujours à l'arrière-plan de sa sensibilité cette image de parfaite beauté physique unie à la beauté morale, ce mythe d'une femme charmante et opprimée dont il serait le chevalier, Andromède de ce Persée, princesse de ce saint Georges, mythe qui était au fond de tous les sentiments amoureux qu'il avait éprouvés, qui lui avait fait enlever Harriet pour la soustraire à son père, aimer Mary parce qu'elle était malheureuse, mélange aux proportions, inconnues de lui-même, de sensualité et de pitié, sentiment peut-être trouble à l'origine, mais qu'il avait su purifier, et qui exaltait au plus haut point sa puissance de création poétique.

Il avait cru longtemps trouver en Mary cette amante mystique et elle en était sans doute aussi peu différente qu'une femme peut l'être d'une déesse. Pour la première fois peut-être, le personnage réel que la brune shelleyenne dévoilait en se dissipant coïncidait presque avec son image idéale. Pourtant, la vie en commun lui avait fait découvrir en elle des traits qui ne pouvaient guère appartenir à la divine vision. Mary mère de famille, ménagère, était plus sèche, plus pratique que la jeune fille héroïque et tendre de Skinner Street. Ce que Shelley avait appelé sa netteté d'esprit n'était pas loin d'être de la froideur; sa jalousie allait parfois jusqu'à une véritable mesquinerie. Surtout il la connaissait trop bien pour pouvoir encore attacher ses rêveries à une image devenue si précise.

Mais en cette belle, en cette mystérieuse Emilia, la

déesse pouvait s'incarner parce qu'il ne savait rien d'elle. Il rencontrait enfin dans ce couvent étranger la vision admirable et fugitive qu'il poursuivait depuis l'adolescence et qui, chaque fois qu'il croyait la saisir, s'évanouissait pour le laisser en présence d'une femme de chair qui blessait sa sensibilité.

En entrant dans le parloir, Emilia s'adressa à un oiseau qui se trouvait là dans une cage et lui tint un discours qui parut à Shelley le plus poétique du monde.

« Pauvre petit ! Tu meurs de langueur ! Comme je te plains ! Comme tu dois souffrir en entendant les troupes de tes semblables qui t'appellent et partent sur les vents pour des pays inconnus ! Comme moi, tu dois finir ici ta misérable destinée... Oh ! que ne puis-je te délivrer ! » Elle improvisait volontiers ainsi, à l'italienne, des sortes de poèmes parlés qui ne manquaient ni d'abondance, ni de force. Shelley la trouva géniale. Il lui demanda la permission de revenir, de lui amener sa femme, sa belle-sœur ; elle y consentit volontiers.

En racontant cette visite à Mary, il ne lui cacha pas les sentiments qu'il avait éprouvés. Tous deux étaient grands lecteurs de Platon, et Mary connaissait cet amour qui n'est que la contemplation de la suprême beauté. Elle eût préféré cependant que cette contemplation eût pris pour objet une statue, ou que Shelley, comme Dante, n'eût jamais parlé à sa Béatrice. Cependant, quand Shelley la pria d'aller voir la belle captive, elle l'accompagna volontiers.

Elle reconnut qu'Emilia était belle, très « statue grecque », et d'une éloquence assez surprenante, mais au fond de son cœur elle pensa qu'elle préférait la pudique réserve des Anglaises à ce trop expansif génie italien. Elle trouva qu'Emilia parlait fort, que ses gestes, expressifs sans doute, l'étaient au point de manquer de grâce, et qu'elle était surtout agréable quand elle restait silencieuse. Elle se garda de laisser paraître ces impressions, et lui témoigna beaucoup d'amitié.

Claire, plus sensible, fut conquise comme Shelley. Tandis que Mary apportait à la captive de petits cadeaux, des livres, une chaîne d'or, Claire, qui était pauvre, offrit ce qu'elle pouvait : des leçons d'anglais qu'Emilia accepta avec joie. Une incessante correspondance commença entre le couvent et Pise ; ce n'était que : « Chère sœur !... Mary adorée !... Sensible Percy !... *Caro fratello* », et même (dans un sens mystique), cela se doit entendre *adorato sposo*. Cependant la « chère sœur Mary » paraissait parfois un peu froide. « Mais votre mari me dit que cette froideur apparente n'est que la cendre qui couvre un cœur affectueux. »

La vérité était que la chère sœur Mary s'énervait un peu. Shelley était en train de construire autour d'Emilia un de ces mondes imaginaires où il aimait à s'évader ; il composait pour elle un grand poème d'amour qu'il voulait aussi mystérieux que la *Vita nuova* de Dante ou les sonnets de Shakespeare. Il y proclamait sa doctrine de l'amour :

« *Je n'ai jamais été de cette grande secte qui tient que chacun doit choisir* une *maîtresse ou* un *ami et livrer tout le reste à l'oubli, si beau, si sage que soit ce reste. Tel pourtant est le culte de ces pauvres esclaves qui cheminent fatigués par la grand-route du monde vers leur demeure parmi les morts, et font, avec un seul ami enchaîné, parfois avec un jaloux ennemi, le plus long et le plus aride des voyages. L'amour vrai diffère en ceci de l'or et de l'argile que le diviser ne le diminue point. L'amour est comme l'intelligence, plus vive si elle contemple plus de vérités... Etroit le cœur qui n'aime, l'esprit qui ne contemple qu'un objet.* »

Il y faisait d'Emilia un portrait qui n'était qu'un hymne à la beauté de la captive, « *au parfum tiède qui s'exhalait d'elle et qui rassasiait le vent fané, senteur sauvage, trop aiguë pour être sentie... A la gloire de sa divine personne qui tremblait au travers de ses membres ainsi que derrière une nuée, dans le ciel paisible de juin, la lune tremble inextinguiblement belle*. »

« *Epouse, sœur, ange, pilote de ce destin dont la course fut si privée d'étoiles... Emilia, un vaisseau se balance dans le port...* » Et c'était la plus passionnée des invitations au voyage vers un pays irréel et charmant : « *Là, nous nous confondrons en un seul être ; nos souffles se mêleront, nos poitrines s'uniront, nos artères battront ensemble, extase si douce qu'on en meurt*. »

Bien que Mary se répétât, pour se rassurer, que toutes ces belles choses s'adressaient à l'essence divine d'Emilia et non à une jolie fille aux cheveux noirs, il lui était pénible de voir Shelley travailler avec une si grande exaltation. Heureusement le travail de composition l'absorbait assez pour ne pas lui laisser le temps de rendre visite à son héroïne. Et tandis que ce platonique amant accumulait les images vaporeuses, Emilia recevait du comte, son père, des propositions tout à fait cyniques.

Le comte Viviani avait trouvé un époux qui consentait à la prendre sans dot ; il exigeait qu'elle se décidât. Le mari était peu tentant ; c'était un certain Biondi qui vivait dans un château lointain, en plein pays de marécages. Elle ne l'avait jamais vu et ne devait pas le voir avant le jour du mariage. Ces fiançailles à la turque étaient bien dégoûtantes, mais que pouvait-elle espérer ? Le Roi des elfes, marié à la très réelle Mary, ne la tirerait certes pas de son cachot. Si elle épousait ce

Biondi, peut-être trouverait-elle là le point de départ d'une vie plus heureuse ? Si l'homme lui déplaisait, elle en rencontrerait d'autres, et il devait bien y avoir des « cavaliers servants » jusqu'au milieu des marécages.

Avant d'avoir terminé son poème, Shelley apprit qu'elle se mariait.

*

* *

Six mois plus tard, Mary écrivait à une amie : « *Emilia a épousé Biondi ; on dit qu'elle rend la vie dure à lui et à sa mère. La conclusion de notre amitié "a la italiana" me rappelle cette* nursery rhyme :

... J'ai rencontré une jolie fille
Qui me fit une révérence.
Je lui donnai des gâteaux ;
Je lui donnai du vin ;
Je lui donnai du sucre candi,
Mais oh ! la méchante fille !
Elle me demanda du brandy !

« *Remplacez le brandy par ce qu'il faut pour l'acheter (et pas une petite somme) et vous saurez toute l'histoire des amours platoniques de Shelley.* »

Et Shelley ajoutait : « *Je ne puis plus supporter la vue de mon poème. La personne que je chantais était une nuée et non une déesse. Je crois que l'on est toujours amoureux d'une chose ou d'une autre ; l'erreur, et je confesse qu'elle n'est pas facile à éviter pour un esprit en chair et en os, consiste à chercher dans une enveloppe mortelle l'image de ce qui peut-être est éternel.* »

XI

Le cavalier servant

Pendant les premiers temps qui avaient suivi son départ de Venise, Claire avait eu des nouvelles d'Allegra assez régulièrement, par les Hoppner. La petite souffrait du froid. Elle était devenue tranquille et sérieuse comme une petite vieille, et Mrs. Hoppner était d'avis qu'il eût mieux valu ne pas la laisser à Venise. Mais il était impossible d'avoir une conversation utile avec son père qui se plongeait de plus en plus dans la débauche.

Puis quelques mois se passèrent sans aucune nouvelle. Très anxieuse, Claire écrivit des lettres de plus en plus pressantes, sans pouvoir arracher une réponse à la femme du consul devenue étrangement silencieuse. Enfin elle sut que de grands changements s'étaient produits dans la vie de Byron. Cela avait commencé par une maladie assez grave qui l'avait forcé à rester au lit. Hoppner, qui lui tenait compagnie, lui avait alors raconté que ses amours, loin de scandaliser encore le monde vénitien, comme il le croyait et l'espérait, divertissaient maintenant les *conversazioni* à ses dépens. On le disait joué et volé par les filles rusées qui se moquaient de lui dans leur patois. Don Juan était rentré dans une grande fureur, et sur-le-champ toutes les prêtresses du palais Mocenigo avaient été renvoyées à leurs antres respectifs.

Dès sa convalescence on avait revu Byron dans les salons de Venise, longtemps abandonnés par lui. Là il avait rencontré la plus jolie femme de la saison, la petite comtesse Guiccioli, charmante blonde de dix-sept ans qui venait d'épouser un noble baron. Le Pèlerin l'avait trouvée bien faite, la poitrine surtout admirable. Dès le premier jour, en sortant du salon, il lui avait glissé un papier qu'elle avait fort adroitement pris. C'était un rendez-vous. Elle y était venue. Celui qui disait l'aimer était un grand poète, jeune, beau, noble et riche. Entourée de mille enchantements, elle avait tout cédé, aussitôt, sans combat.

Quelques jours plus tard, le comte Guiccioli avait emmené sa femme à Ravenne et Teresa avait prié Byron de la suivre : « La charmante oubliait qu'on peut siffler un homme n'importe où avant... mais après ! » L'idée de l'amour romanesque et constant lui était odieuse. Il n'avait pas bougé et s'était senti assez fier de son refus.

De Ravenne, elle lui avait écrit qu'elle était très malade, et où l'amour avait échoué, la pitié avait soudain réussi. Don Juan s'était mis en route, non sans s'arrêter à Ferrare et autres villes pour admirer les beautés locales. Bien qu'il feignît l'indifférence et même l'ennui, il accourait d'assez bon gré. Les femmes intelligentes, comme lady Byron ou Claire, le fatiguaient vite ; il méprisait trop ce sexe pour demander à une maîtresse d'être une compagne intellectuelle. Les belles boulangères et marchandes de Venise étaient pourtant d'une espèce trop différente de la sienne. Mais la comtesse

Guiccioli unissait une reposante et affectueuse sottise aux grâces d'une femme bien née : elle fixa sans trop de peine l'éternel fugitif. Don Juan devint pour elle un garde-malade fidèle et même sentimental. « *Si je la perdais*, écrivait-il alors, *je perdrais un être qui a couru de grands risques pour moi et que j'ai toutes raisons d'aimer. Je ne sais ce que je ferais* réellement si *elle mourait, mais je* devrais *me faire sauter la cervelle, et j'espère que je le ferais.* »

Quand sa conquérante conquête dut quitter Ravenne pour Bologne, il la suivit. Il était devenu le classique sigisbée : « Mais je ne puis dire que je ne sente pas la dégradation. Mieux vaut être un planteur maladroit, mieux vaut être un trappeur ou n'importe quoi, plutôt qu'un flatteur d'oisives ou un porteur d'éventails... Et pourtant me voici cavalier servant ! *By the Holy!* C'est une étrange sensation. »

*
* *

Claire apprit toute cette histoire et que Byron avait fait venir Allegra à Bologne. L'idée que sa fille vivait dans la maison de la nouvelle maîtresse de Byron, d'une femme qui n'avait aucune raison de l'aimer et quelques-unes peut-être de la haïr, l'épouvanta. Elle écrivit une lettre passionnée pour demander à la reprendre, Byron répondit : « *Je désapprouve si complètement le mode d'éducation des enfants adopté dans la famille Shelley que je croirais, en vous l'envoyant, envoyer ma fille à l'hôpital... Ou elle ira en Angleterre, ou je la mettrai dans un couvent. Mais elle ne me quittera pas pour mourir de faim ou d'une indigestion de fruits verts, et pour être élevée à croire que Dieu n'existe pas.* »

En recevant cette lettre, Claire nota amèrement dans son journal : « Lettre de lord Byron sur les fruits verts et Dieu », mais elle pleura beaucoup. Allegra dans un couvent de nonnes italiennes, si dépourvues de toute notion de propreté et de tout amour des enfants, ce projet lui paraissait affreux. Elle adressa à Byron des lettres désespérées, violentes, presque insolentes et il écrivit à Shelley pour se plaindre de cette attitude et pour l'avertir qu'à l'avenir il refuserait de correspondre avec elle.

« *Je ne sais*, répondit Shelley, *ce que contiennent les lettres de Claire. J'en ai vu une ou deux, mais comme je les trouvais extrêmement absurdes et enfantines, je l'ai priée de ne pas les envoyer et elle m'a dit qu'elle en avait écrit et envoyé d'autres. Je m'étonne que vous vous laissiez irriter par ce qu'écrit Claire... il est naturel qu'elle ait désiré voir sa fille. Que son désappointement l'irrite et que son irritation lui fasse écrire des absurdités, tout cela est dans l'ordre naturel des choses. Pauvre petite, elle est malheureuse et mal portante, et devrait être traitée avec autant d'indulgence que possible. Les esprits faibles et légers ont ceci de commun avec les rois qu'ils ne sont jamais responsables.* »

Il avait besoin lui-même de cette hauteur de vues pour dominer les querelles de femmes qui troublaient sa propre maison. Mary était de plus en plus nerveuse. Godwin l'accablait de demandes d'argent auxquelles Shelley était décidé à ne plus répondre. Il avait donné à son beau-père près de cinq mille livres sans aucun résultat et avait acquis à ce prix élevé une amère sagesse, une pénible connaissance de ce caractère sans beauté. Comme les lettres de reproches de Godwin faisaient tourner le lait de Mary, il informa le philosophe qu'il les intercepterait désormais et les supprimerait si elles traitaient de la question financière : « *Mary n'a pas et ne doit pas avoir d'argent à sa disposition. Si elle en avait, la malheureuse, elle vous donnerait tout. Un tel père, je veux dire un génie tel que le vôtre, ne doit pas manquer de sujets à traiter avec une telle fille. Je n'ai pas besoin de vous dire que le fait de cesser de lui écrire, maintenant que vos lettres ne peuvent plus rien vous rapporter, ne pourrait être interprété que d'une seule manière.* » Ariel devenait dur.

Mary inquiète pour son père, Claire inquiète pour son enfant étaient exaspérées l'une et l'autre. Leur commune admiration pour le seul homme de la maison était beaucoup plus un obstacle qu'un secours pour leur affection. Mary faisait tout pour que Claire se sentît gênante et celle-ci finit une fois encore par se résigner. Une vieille dame anglaise lui trouva un poste de gouvernante à Florence ; elle partit.

Shelley lui écrivit de longues et tendres lettres. Encore qu'elles fussent innocentes, il ne les montrait pas à Mary et pria Claire de ne pas y faire allusion quand elle écrivait à sa sœur. Ce manque de franchise lui était pénible. Il avait conçu l'amour comme une communauté d'idées et d'action si continue que les explications même eussent été inutiles entre amants. Mais ce que la vie lui avait apporté était moins parfait et devait être accepté. La vérité à l'état pur est un poison mortel pour certains esprits ; et Mary ne la supportait que très diluée.

XII

R. B. Hoppner à Byron

Venise, 16 septembre 1820.

« *Mon cher Lord, vous êtes surpris, et avec raison, du changement de mon opinion sur Shilloh*[1] *: elle n'est certainement plus ce qu'elle était. Mais, si je vous découvre cet horrible secret, je compte que vous laisserez les Shelley ignorer que vous le connaissez, cela autant pour cette malheureuse femme que pour Mrs. Hoppner et moi-même. Je suis certain que vous trouverez cette demande assez raisonnable pour vous y conformer et je veux maintenant vous divulguer la vérité. Pour le bien d'Allegra il est nécessaire que vous sachiez, car cela vous fortifiera dans la noble résolution prise par vous de ne plus la confier à sa mère.*

« *Sachez donc qu'au temps où les Shelley séjournaient ici, Claire était enceinte des œuvres de Shelley. Vous vous souvenez d'avoir entendu qu'elle était cons-*

---

1. Surnom que Byron donnait à Shelley.

tamment malade et toujours surveillée par un médecin ; je suis assez peu charitable pour croire que la quantité de médicaments qu'elle absorbait alors n'avait pas pour seul but de restaurer sa santé. Je comprends aussi pourquoi elle préférait rester seule à Este malgré sa crainte des fantômes et des voleurs, plutôt que d'être ici avec les Shelley.

« Quoi qu'il en soit, ils partirent d'ici pour Naples où, une nuit, Shelley fut appelé auprès de Claire très malade. Sa femme naturellement trouva étrange que ce fût lui qu'on appelât ; bien qu'elle ignorât la nature de leurs relations, elle avait eu des preuves suffisantes de l'indifférence de Shelley et de la haine de Claire à son égard. Comme Shelley désirait qu'elle se tînt tranquille, elle n'osa pas intervenir.

« On envoya chercher une sage-femme et le digne couple, qui n'avait fait aucun préparatif pour recevoir l'être infortuné qui allait être mis au monde, paya cette femme pour l'emporter aux Enfants-Trouvés, où l'enfant fut placé une demi-heure après sa naissance. Ils durent aussi acheter le silence du médecin au prix d'une somme considérable, Mrs. Shelley exprima une grande anxiété à son sujet, mais ne put l'approcher. Ces brutes, au lieu de la remercier de l'intérêt porté à Claire par au moins quelques expressions bienveillantes, n'ont fait depuis qu'accentuer leur haine, se conduisant envers elle de la façon la plus odieuse, et Claire a fait tout ce qu'elle a pu pour la faire abandonner par son mari.

« La pauvre Mrs. Shelley, quelques soupçons qu'elle puisse avoir, ne sait rien de l'aventure de Naples et comme cela ne ferait qu'ajouter à son malheur, il vaut mieux qu'elle ne sache pas. Nous tenons tout ce récit d'Elise ; elle a passé ici l'été avec une dame anglaise, qui en disait le plus grand bien. Elle nous a raconté

aussi que Claire n'hésite pas à dire à Mrs. Shelley qu'elle souhaite sa mort, ni à demander à Shelley en sa présence comment il peut vivre avec une telle créature.

« *Je crois qu'après ce récit, vous ne vous étonnerez plus de ma mauvaise opinion de Shelley. Je reconnais ses talents, mais je ne puis croire qu'un homme puisse être, comme vous le dites "antimoral jusqu'à la folie" et avoir de l'honneur. J'ai entendu parler de l'honneur des voleurs, mais cela ne signifie que leur propre intérêt, et bien qu'il puisse être de l'intérêt de Shelley de paraître aussi respectable que possible avec les opinions qu'il professe publiquement, il est clair pour moi que l'honneur n'inspire pas une seule de ses actions. Je crains que cette lettre ne soit écrite dans un style incohérent, mais je ne puis me persuader de reprendre une seconde fois ce répugnant sujet. J'espère que vous vous efforcerez de la comprendre comme elle est... Adieu* my dear *Lord, croyez-moi votre fidèle serviteur*. »

R. B. HOPPNER.

Byron à Hoppner

« *Mon cher Hoppner, vos lettres et papiers sont bien arrivés, quoique lentement, ayant manqué un courrier. L'histoire Shilloh est vraie certainement, quoique Elise ne soit ici qu'une sorte de témoignage du ministère public. Vous vous souvenez du grand désir qu'elle montrait de retourner chez eux, maintenant elle les quitte et les injurie. Quant aux faits il ne peut y avoir guère de doutes. Cela leur ressemble tant. Soyez certain que je suivrai votre conseil. Toujours fidèlement à vous.* »

BYRON.

XIII

Silence de Lord Byron

Shelley, que Byron avait invité à venir le voir à Ravenne pour y parler de choses importantes, trouva le Pèlerin en brillante condition. Le visage, jadis fatigué par les débauches de Venise, avait un bel air de santé. Le règne de la Guiccioli avait écarté les aventures dégradantes. Le valet Fletcher lui-même avait repris de l'embonpoint, ainsi qu'une ombre s'engraisse avec le corps qui la produit.

La maison était splendide, le train royal. Dans l'escalier de marbre, Shelley rencontra des animaux de toute espèce qui vivaient là comme chez eux. Huit énormes chiens, trois singes, cinq chats, un aigle, un perroquet et un faucon y réglaient leurs querelles en famille. Les écuries contenaient dix chevaux.

Byron le reçut avec de grandes démonstrations d'amitié et les deux amis passèrent la nuit entière à se lire des poèmes et à les discuter. Les nouveaux chants de *Don Juan* parurent à Shelley admirables. Le contact du génie de lord Byron le désespérait toujours. A côté de ces constructions si vigoureuses, ses propres vers lui paraissaient bien frêles. Il dit à Byron qu'il le jugeait digne d'écrire une épopée qui fût pour notre époque ce que *L'Iliade* était pour les Grecs. Mais Byron affectait de mépriser la postérité et de ne s'intéresser à la poésie qu'à partir de mille guinées le chant.

Une fois de plus l'Ascète dut s'adapter au mode de vie du Magnifique. Lever à midi, *breakfast* à deux heures et travail jusqu'à six heures du soir. Promenade à cheval de six heures à huit heures, dîner, puis conversation jusqu'à six heures du matin.

Byron ne parla pas que de ses poèmes. Dès le premier jour, d'un air amical, il mit Shelley au courant des fâcheuses histoires qui circulaient parmi la colonie anglaise d'Italie, et, bien qu'il eût promis aux Hoppner de ne pas les découvrir, il montra la lettre qui contenait les accusations d'Elise. Il affirma d'ailleurs qu'il n'avait jamais cru à cette absurde histoire, mais le crédit si légèrement accordé aux calomniateurs par les Hoppner attrista profondément Shelley. Il écrivit aussitôt à sa femme.

*

* *

Shelley à Mary Shelley

... Lord Byron m'a parlé d'une histoire qui m'agite au plus haut point parce qu'elle montre une méchanceté si désespérée que je ne puis me l'expliquer. Quand j'entends de telles choses, ma patience et ma philosophie sont mises à sévère épreuve et je dois me retenir pour ne pas chercher quelque obscure retraite où je puisse ne plus jamais apercevoir le visage d'un homme. Il paraît qu'Elise (là il racontait à Mary toutes les

accusations contenues dans la lettre de Hoppner)... Imaginez combien il est pénible pour une nature aussi faible et aussi sensitive que la mienne de continuer à lutter dans ces conditions au milieu de cette diabolique société des hommes. Vous devriez écrire à Hoppner une lettre réfutant l'accusation et citant les preuves de vos assertions, si, bien entendu, vous croyez, savez, et pouvez prouver que cette accusation est fausse. Je n'ai pas besoin de vous dicter ce que vous devriez dire, ni, je pense, de vous inspirer la chaleur nécessaire pour réfuter une calomnie que vous seule pouvez réfuter complètement. Envoyez-moi la lettre ici et je la ferai suivre aux Hoppner.

Mary Shelley à Shelley

My dear *Shelley. Bien qu'affectée au-delà de toute mesure, j'ai immédiatement écrit la lettre ci-jointe. Si la tâche n'est pas trop horrible, copiez-la pour moi ; je ne puis pas. Copiez aussi le fragment de votre lettre qui contient l'accusation ; j'ai essayé de l'écrire mais n'ai pas pu. Je crois que j'aurais pu plutôt mourir. J'envoie aussi la dernière lettre d'Elise. Joignez-la, ou non, comme vous le jugerez meilleur. Je vous avais écrit hier soir dans des sentiments bien différents, oh ! mon ami bien-aimé. Notre barque est vraiment secouée par la tempête, mais aimez-moi comme vous l'avez toujours fait, que Dieu me garde mes enfants et nous aurons assez de force pour résister à nos ennemis...*

Adieu, très chéri, prenez bien soin de vous-même. Tout va bien malgré tout. Pour moi le choc est passé et je méprise la calomnie, mais elle ne doit pas rester sans contradiction. Je remercie sincèrement lord Byron pour la bienveillance avec laquelle il a refusé d'y croire.

P.-S. – *Ne me croyez pas imprudente pour avoir parlé de la maladie de Claire à Naples. Il est bon de regarder les faits en face. Ils sont aussi rusés que méchants. J'ai relu ma lettre que j'ai écrite en hâte, mais il valait mieux exprimer les sentiments dans leur première vigueur.*

Mary Shelley à Mrs. Hoppner

Après un silence de deux ans, je m'adresse à vous de nouveau et je regrette amèrement de devoir vous écrire dans de telles circonstances... J'écris pour défendre des calomnies les plus odieuses celui auquel j'ai le bonheur d'être unie, que j'aime et estime au-dessus de toute créature vivante ; et c'est à vous que je dois écrire ceci, à vous qui avez été si bonne, et à Mr. Hoppner, alors qu'il m'était si agréable de penser que je ne vous devais à tous deux que de la gratitude. C'est vraiment une tâche bien pénible.

Shelley est en ce moment en visite chez lord Byron à Ravenne et j'ai reçu aujourd'hui une lettre qui fait trembler ma main au point que je peux à peine tenir ma plume... On dit que Claire a été la maîtresse de Shelley, que... Sur mon honneur je vous jure que je ne puis écrire ces mots. Je vous envoie une partie de la lettre de Shelley pour que vous voyiez ce que je vais réfuter, mais je mourrais plutôt que de copier quelque chose de si vil, de si méchant, de si faux, de si monstrueux au-delà de toute imagination.

Mais que vous ayez pu le croire, que mon bien-aimé Shelley ait pu être ainsi calomnié dans votre esprit, lui le plus fin et le plus délicat des hommes, cela m'est plus pénible oh ! beaucoup plus pénible que les mots ne peuvent l'exprimer. Ai-je besoin de vous dire que l'union entre mon mari et moi-même, n'a jamais été troublée ? L'amour a causé notre première imprudence, un amour qui, augmenté par l'estime, par une parfaite confiance de l'un dans l'autre, n'a fait que grandir et ne connaît plus de bornes...

Ceux qui me connaissent bien me croient toujours sur parole. Il n'y a pas longtemps que mon père me disait dans une de ses lettres qu'il ne m'a jamais entendue dire un mensonge. Mais à vous qui, bien que vous ayez si facilement accueilli le mensonge, serez peut-être plus sourde à la vérité, à vous je jure par tout ce qui m'est sacré au ciel et sur la terre, par un serment que je mourrais d'écrire s'il s'agissait d'un mensonge ; je jure par la vie de mon enfant, par mon bien-aimé enfant, que je sais que tout cela est faux.

N'en ai-je pas assez dit pour vous convaincre et n'êtes-vous pas convaincus ? Réparez, je vous en supplie, le mal que vous avez fait, en retirant votre bienveillance à un être aussi vil que cette Elise, et en m'écrivant que vous ne croyez plus à rien de son infâme récit. Vous avez été bons pour nous et je ne l'oublierai jamais, mais je demande justice. Vous devez me croire et, je vous en prie solennellement, soyez assez justes pour confesser que vous me croyez.

Shelley montra cette lettre à Byron et lui demanda l'adresse des Hoppner, mais Byron le pria de lui laisser le soin de la faire parvenir.

— Les Hoppner, dit-il, m'avaient arraché la promesse de ne pas vous parler de cette histoire ; en leur confessant ouvertement que je n'ai pas tenu mon serment, je dois observer quelques formes. C'est pourquoi je désire envoyer la lettre moi-même. Mes commentaires, d'ailleurs, ne lui donneront que plus de poids.

Shelley y consentit volontiers et remit la lettre à son hôte. Mary ne reçut jamais de réponse[1].

*
* *

La question importante dont Byron avait voulu entretenir Shelley était le sort d'Allegra au cas où lui, Byron, quitterait Ravenne. La comtesse Guiccioli désirait partir pour la Suisse; Byron, qui préférait la Toscane, pria Shelley d'écrire à la comtesse pour lui peindre la vie de Florence et de Pise de façon assez plaisante pour qu'elle acceptât de s'y rendre.

Shelley n'avait jamais vu la maîtresse de son ami, mais il était si habitué à ce qu'on le priât d'intervenir dans les affaires de tous ceux qu'il connaissait, qu'il n'hésita pas à écrire la lettre demandée. Elle fut si vigoureuse qu'elle emporta la place. Brusquement il fut décidé que Byron et son amie rejoindraient les Shelley à Pise. Quant à Allegra, Byron acceptait de l'y emmener aussi. Claire n'y étant plus, il ne voyait aucun obstacle.

Avant de quitter Ravenne, Shelley alla voir l'enfant au couvent de Bagna-Cavallo. Il la trouva plus grande, mais aussi plus délicate et plus pâle. Ses beaux cheveux noirs tombaient en boucles sur ses épaules. Elle paraissait au milieu de ses compagnes un être d'une race plus fine et plus noble. Une sorte de sérieux contemplatif s'était superposée à son ancienne vivacité.

1. Après la mort de lord Byron, la lettre de Mary fut retrouvée parmi les papiers de celui-ci; il avait suivi la méthode la plus sûre pour sauvegarder sa tranquillité.

Elle fut d'abord timide, mais Shelley lui ayant donné une chaîne d'or, qu'il avait rapportée pour elle de Ravenne, elle devint plus familière. Elle le guida dans le jardin du couvent, en courant et en sautant à la corde, si vite qu'il pouvait à peine la suivre. Elle lui montra son petit lit, sa chaise. Il lui demanda ce qu'il fallait dire à sa maman.

— *Che mi manda un baccio e un bel vestituro.*

— *E come voi il vestituro sia fatto ?*

— *Tutte di seta e d'oro.*

Et à son papa.

— *Che venga farmi un visitino e che porta seco la mammina*[1].

Message difficile à transmettre à son noble père.

Le trait dominant de l'enfant parut à Shelley être la vanité. Elle était peu cultivée, mais elle savait beaucoup de prières par cœur, parlait du paradis, en rêvait, et connaissait de prodigieuses listes de saints. Cette éducation plaisait à Byron.

1. Qu'il vienne me faire une petite visite et qu'il amène avec lui ma maman.

XIV

Miranda

L'arrivée prochaine du noble Pèlerin avait mis dans le petit cercle de Pise l'agréable agitation que créent toujours autour d'eux les souverains en voyage. Mary, sur l'ordre de Shelley, avait loué la plus belle maison libre de la ville : le palais Lanfranchi. Avec l'aide de ses amis Williams, elle s'était occupée de mettre cette vieille bâtisse en état de recevoir lord Byron. Bientôt la Guiccioli arriva en avant-garde avec le comte Gamba, son père, et les Shelley l'accueillirent. Cette jolie petite Italienne, sentimentale et puérile, les surprit beaucoup et agréablement. « Voici une charmante femme, dit Shelley, qui, si je connais un peu la nature humaine et mon Byron, regrettera bientôt sa folle imprudence. »

Enfin don Juan lui-même parut. Tout Pise était aux fenêtres pour voir passer le diable anglais et sa ménagerie. Le défilé méritait d'être vu : cinq voitures, sept domestiques, neuf chevaux, chiens, singes, paons et ibis à la suite. Les Shelley étaient inquiets de l'impression qu'allait produire leur palais, mais celui-ci plut. Byron déclara qu'il aimait cette vieille demeure moyenâgeuse.

Elle était du XIVe siècle, mais le noble lord avait toujours mêlé les styles. Surtout les caves humides et sombres lui semblèrent romantiques à souhait. Il les baptisa souterrains et cachots, y fit descendre des coussins et s'y installa pour dormir.

Dès son arrivée, il devint le centre mondain du petit groupe de Pise ; Shelley en resta le centre moral. On allait chez Byron par curiosité, par admiration ; chez Shelley par sympathie. Shelley, levé très tôt, lisait jusqu'à midi Goethe, Spinoza ou Calderon ; puis il gagnait la forêt de pins et dans cette solitude parfaite travaillait jusqu'au soir. Byron se levait à midi, déjeunait sobrement, allait se promener à cheval et tirait au pistolet. Le soir, il faisait visite à sa maîtresse, rentrait à onze heures, se mettait à travailler et composait souvent jusqu'à deux ou trois heures du matin. Puis enfiévré, excité, il se couchait, dormait mal et restait au lit toute la matinée.

Il avait tout de suite été recherché par la colonie anglaise de Pise. Les plus puritains ne pouvaient lontemps tenir rigueur à un lord authentique qui leur apportait sur un sol étranger un si délicieux abrégé des vanités britanniques. Son désir de scandaliser ne montrait-il pas d'ailleurs le respect le plus orthodoxe ? Si l'indifférence est une offense, le défi n'est-il pas au contraire une forme de l'humilité ? Ne voyait-on pas qu'il ne pouvait vivre sans salons à visiter, femmes à courtiser, dîners à rendre ? On lui fut très indulgent. Mais quand il voulut imposer Shelley, la résistance fut obstinée. Shelley, dans le monde, s'ennuyait et le laissait voir. En morale on devinait qu'il préférait l'esprit à la lettre, qu'il croyait à la rédemption plus volontiers qu'au péché originel. La foi dans la perfectibilité de l'homme est la plus impardonnable ; elle obligerait à vouloir. La frivolité qui la flaire de loin en poursuit toujours la destruction ; les femmes vraiment distinguées traitèrent les Shelley en suspects.

Lui s'en moquait bien, préférant mille fois l'air frais de la nuit à l'atmosphère enfumée d'une salle de jeu. Mais Mary voulait être invitée. Une Mrs. Beckett donnait des bals, « étant, disait Byron, affligée d'une litière de sept filles, toutes à l'âge où ces animaux doivent danser pour leur subsistance ». C'était une idée fixe de Mary que de voir un bal de Mrs. Beckett. « Tout le monde y va », disait-elle. Shelley navré regardait le ciel : « Tout le monde ! Quel est ce monstre mythique ? L'avez-vous jamais vu, Mary ? » Pour plaire à « tout le monde » elle tenta même d'assister au service du pasteur anglican. Mais il prêcha contre les athées en la regardant avec une telle insistance que, malgré toute son ardeur conformiste, elle sentit que sa dignité d'épouse ne lui permettait pas d'y retourner.

Ces soucis mondains, ces dîners, ces bals étaient aux yeux de Shelley d'une incroyable vulgarité. A vingt ans, la frivolité lui avait paru criminelle ; il en était arrivé à la juger méprisable ; c'était plus grave. Pour fuir des reproches et des respects qui lui semblaient si ridicules, il se réfugiait chez les Williams. Là, il lui semblait retrouver l'harmonieuse et tendre atmosphère qui lui était nécessaire. Edward Williams était gai, généreux, sans aucune mesquinerie. Quant à Jane, sa grâce, sa douceur, le calme de ses mouvements, la beauté apaisante de sa voix en faisaient un être reposant et aimable comme un beau jardin. Peut-être eût-elle moins plu au Shelley de vingt ans qui rêvait d'une vierge ardente et forte, mais il demandait maintenant à la femme moins la force que l'oubli.

Elle chantait et sa belle voix emportait pour un instant Shelley loin de ses tragiques souvenirs et de son froid ménage. Comme jadis, blessé par Harriet, il avait regardé avec un plaisir infini le visage de Mary tout chargé de douces promesses ; maintenant, las de trouver Mary à son tour plaintive et imparfaite, il aimait à contempler en Jane une mortelle image de l'Antigone que sans doute il avait aimée dans une vie antérieure.

Seulement il ne croyait plus comme autrefois qu'il fallût tout briser pour tout reconstruire, abandonner Mary pour fuir avec Jane. Celle-ci était mariée avec un honnête homme dont il voulait demeurer le loyal ami. Mary était une bonne et malheureuse femme dont il fallait ménager la sensibilité. Il aimait Jane, mais d'un amour tout immatériel, sans espoir, presque sans désir.

Elle se prêtait d'ailleurs adroitement à ce jeu chevaleresque, passait sa main sur le front de Shelley et s'efforçait de guérir sa triste passion par de doux et magiques effluves. Ce jeune couple était une source merveilleuse de bonheur et d'amitié à laquelle il paraissait juste qu'un poète fatigué d'avoir beaucoup souffert pût venir calmer sa fièvre. Jane et Edward étaient Ferdinand et Miranda, le beau couple princier, et Shelley leur fidèle Ariel. Autour des amants heureux peut voltiger l'esprit captif et pur.

*
* *

Les Williams avaient souvent parlé à Shelley d'un de leurs amis, Trelawny, homme extraordinaire, corsaire, pirate, qui, à vingt-neuf ans, avait parcouru toutes les mers du globe, et désirait vivement se joindre à la petite colonie de Pise. Trelawny les accablait de lettres : « Si je viens, pourrai-je connaître Shelley ? Et surtout pourrai-je connaître Byron? Est-il possible de l'approcher? »

Williams qui, étant devenu leur familier, avait tout à fait dépouillé les deux poètes du prestige du mystère et de la difficulté, répondait avec un peu d'impatience : « Vous les verrez certainement. Shelley est l'homme du monde le plus simple... Quant à Byron, cela dépend entièrement de vous. »

Trelawny arriva à Pise un soir assez tard et rendit aussitôt visite à ses amis Williams; comme ils étaient tous trois en conversation animée, il aperçut par la porte entrebâillée et dans l'obscurité deux yeux brillants fixés sur les siens; Jane se leva et dit en riant : « Entrez, Shelley, c'est notre ami Trelawny qui vient d'arriver. »

Timide, rougissant, Shelley entra et serra chaleureusement les deux mains du marin. Trelawny le regarda avec surprise, ne pouvant croire que ces traits féminins fussent ceux d'un homme de génie et d'un révolté, honni comme un monstre en Angleterre et privé de ses droits paternels par le lord chancelier. Shelley, de son côté, admirait cette tête sauvage et hardie, cette noire moustache de corsaire, ce beau visage à demi arabe. Tous deux étaient si étonnés qu'ils ne trouvaient rien à se dire. Pour sortir d'un silence embarrassant, Jane demanda à Shelley quel livre il avait en mains.

— Le *Magico Prodigioso* de Calderon; je suis en train de traduire quelques pages.

— Oh ! lisez-les-nous.

Aussitôt Shelley, débarrassé de cette présentation, de cette cérémonie qui l'ennuyait et qui pour lui se passait dans un monde irréel, s'en échappa avec joie et se mit à traduire à livre ouvert avec une perfection de forme, une sûreté d'expression telles que Trelawny cette fois ne douta plus.

La lecture terminée, Trelawny leva la tête et, ne voyant plus le lecteur, demanda :

— Mais, où est-il ?

— Qui ? dit Jane. Shelley ? Oh ! il va et vient comme un esprit, personne ne sait ni où ni comment.

Le lendemain, Shelley lui-même emmena Trelawny chez Byron. Là le décor était différent : vestibule de marbre, escalier géant, laquais et chiens hostiles. Trelawny, comme tout le monde, trouva dans la personne de Byron toute l'apparence du génie, mais la conversation du grand homme le frappa par sa banalité. Il paraissait jouer un rôle, et un rôle suranné, celui du roué de la Régence : il racontait des histoires d'acteurs, de buveurs, de boxeurs, et comment il avait traversé à la nage l'Hellespont. Ce dernier exploit surtout lui tenait à cœur.

A trois heures on amena les chevaux ; après une assez longue promenade, on s'arrêta dans une petite auberge ; un domestique apporta des pistolets ; et derrière la maison, une canne fut plantée dans le sol, une pièce de monnaie fixée dans une fente en son sommet. Byron, Shelley et Trelawny tirèrent alors et tous très bien ; Trelawny fut content de voir que Shelley, malgré son apparence féminine, maniait le pistolet en homme.

En revenant on parla de littérature, de rimes riches. Trelawny cita en exemple deux strophes de *Don Juan* et s'acquit ainsi l'estime de Byron qui vint trotter à côté de lui.

— Allons, dit-il, confessez que vous vous attendiez à trouver en moi un Timon d'Athènes ou un Timour le Tartare et que vous êtes surpris de découvrir un homme du monde, jamais sérieux, raillant toutes choses.

Il murmura à mi-voix :

Le monde est une botte de foin,
Les hommes des ânes qui se la disputent...

*
* *

Trelawny rentra avec Shelley et Mary.

— Comme Byron est différent de ce qu'on attend de lui, leur dit-il ; il n'est pas mystérieux : il parle trop librement ; il dit des choses qu'il vaudrait mieux taire. Il paraît jaloux et impulsif comme une femme, et peut-être plus dangereux.

— Mary, dit Shelley, Trelawny a déjà démasqué Byron. Comme nous avons été stupides ! Comme cela nous a pris longtemps !

— C'est, dit Mary, que Trelawny vit avec les vivants, nous avec les morts.

XV

Les disciples

Le marin qui était venu à Pise pour admirer deux grands hommes, s'y trouva au contraire assez vite admiré par eux. Il est vrai que quand il n'était pas là, Byron disait : « Si nous pouvions lui apprendre à se laver les mains et à ne pas mentir, nous ferions de lui un gentleman. » Mais le plus souvent il le traitait avec un grand respect. Comme tous les artistes, Byron et Shelley ne créaient que pour se consoler de ne pouvoir vivre. Et l'homme d'action apparaissait à ces deux hommes de fiction comme un phénomène étrange et enviable.

Shelley le consultait sur l'emploi des termes nautiques et dessinait avec lui, sur le sable des rives de l'Arno, des quilles, des voiles et des cartes marines. « J'ai manqué ma vie, disait-il, j'aurais dû être marin. – On ne peut faire un marin d'un homme qui ne fume, ni ne jure », répondait Trelawny.

Byron, corsaire imaginaire, aurait voulu apprendre du corsaire réel les vraies habitudes de la profession et faisait effort devant lui pour paraître audacieux et cynique en paroles. Trelawny, qui s'était vite aperçu de l'influence qu'il exerçait, se promit de la mettre au service de Shelley.

— Savez-vous, dit-il un jour, que vous pourriez faire beaucoup de bien à Shelley en parlant de lui dans un de vos prochains ouvrages, comme vous l'avez fait pour des gens qui avaient moins de talent que lui ?

Byron prit un air mécontent :

— Tous les métiers ont leur secret, Trelawny. Si nous faisons l'éloge d'un auteur populaire, il nous paie de même monnaie, capital et intérêts. Mais Shelley? Mauvais placement... Qui lit Shelley? D'ailleurs s'il renonçait à ses dissertations métaphysiques, il n'aurait pas besoin de moi.

— Mais pourquoi vos amis le traitent-ils si cavalièrement? Quand ils le rencontrent chez vous, ils ne daignent même pas le remarquer. Il est aussi bien né et aussi bien élevé qu'eux... De quoi ont-ils peur ?

Byron sourit, hocha la tête et dit avec mystère à l'oreille de Trelawny :

— Shelley n'est pas un chrétien.

— Et vos amis ?

— Demandez-leur.

— Pour moi, dit Trelawny, si je rencontrais le Diable à votre table, je le traiterais comme un de vos amis.

Le Pèlerin le regarda sévèrement pour voir si le rapprochement était voulu, puis, poussant son cheval près de lui, se pencha et dit tout bas avec un air de crainte et de respect parfaitement joué :

— Le Diable est personne royale.

*

* *

Avec les Williams, Trelawny mettait au point ses observations. Ils représentaient à eux trois le chœur de la tragédie, bonnes gens qui, ne se sentant pas faits pour des rôles de premier plan, trouvent grand plaisir à juger les protagonistes.

— On croirait, disait Trelawny, que Byron est jaloux de Shelley. Pourtant l'éditeur de Byron doit faire appeler la police pour protéger sa maison les jours où il publie un nouveau chant de *Childe Harold*, et le pauvre Shelley ne se connaît pas dix lecteurs; Byron a la fortune, la noblesse, la beauté, la gloire, l'amour...

— Oui, dit Williams, mais Byron est l'esclave de son humeur, et de toute femme un peu décidée. Shelley, dans sa coquille de noix, se met en travers du torrent de l'Arno et refuse d'être emporté. Il ne l'est pas. Ses idées sont fermes; il a une doctrine. Byron est incapable d'en conserver une deux heures de suite. Il le sait bien et n'est pas près de se le pardonner. Ce qui s'entend au ton triomphal sur lequel il parle des malheurs de Shelley.

— Byron, dit Jane, est un enfant gâté... Aucun des deux ne connaît les hommes; Shelley les aime trop, Byron pas assez...

— Ce qui est terrible en Shelley, dit Trelawny, c'est qu'il n'a à aucun degré l'instinct de la conservation... L'autre jour, comme je plongeais devant lui dans l'Arno, il me dit qu'il regrettait de ne pas savoir nager... « Essayez, lui dis-je... Mettez-vous sur le dos; vous flotterez. » Il s'est déshabillé et a sauté sans aucune hésitation. Mais il est allé tout droit au fond et il est resté là sans faire un mouvement, comme une anguille dans la vase... Si je ne l'avais repêché, il y serait mort...

Jane soupira; elle n'ignorait pas que l'idée du suicide hantait Shelley. Il racontait souvent que presque tous ceux qu'il avait aimés étaient morts de cette façon.

— Pourtant, il ne paraît pas malheureux.

— Non, parce qu'il vit dans ses rêves, mais dans la vie réelle croyez-vous qu'il ne souffre pas de son impuissance à faire régner ses idées, de ses œuvres sans public, de son ménage imparfait ? La mort doit lui apparaître comme un réveil après un cauchemar.

— Il croit à une existence future, dit Trelawny. Ceux qui le décrivent comme un athée le connaissent mal. Il m'a dit souvent que la philosophie française du siècle dernier lui apparaît maintenant comme tout à fait fausse et pernicieuse. En lui Platon et Dante ont vaincu Diderot. Et pourtant il ne regrette pas son attitude envers les doctrines établies... Je lui ai demandé : « Pourquoi vous dites-vous athée ? Cela vous empêche de faire figure dans le monde. » Il m'a répondu : « C'est un diable peint pour effrayer les imbéciles. »

Ainsi discourait le chœur, unanime, et peut-être ne voyait-il pas que son adoration pour Shelley était faite pour une bonne part de l'échec temporel de celui-ci. L'homme aime plus volontiers ce qu'il peut plaindre que ce qu'il doit envier. Il trouve dans le spectacle d'un échec immérité d'agréables arguments pour expliquer sa propre malchance. Et le mélange de l'admiration et de la pitié est une des plus sûres recettes de l'affection. Il eût fallu sans doute bien de la modestie à Williams et à Trelawny pour aimer le brillant Byron comme ils aimaient le pauvre Shelley.

Tandis que les disciples parlaient du maître absent, il travaillait dans la forêt de pins qui borde les faubourgs de Pise. Là, le vent de la mer ayant renversé un grand arbre au-dessus d'un étang, ce tronc suspendu au-dessus de la rive formait un abri naturel sous lequel Shelley, comme un oiseau sauvage, se nichait. L'approche de son antre était montrée de loin par les feuilles éparses sur le sol et couvertes de strophes inachevées.

Quand il oubliait dans sa rêverie l'heure du dîner et sa propre existence, Mary allait à sa recherche. Trelawny l'accompagnait : il s'était constitué le chevalier servant de cette femme abandonnée et lui faisait une cour de pirate qui divertissait l'honnête femme. Fatiguée, elle s'asseyait à l'entrée du bois et Trelawny partait à la chasse du poète. Un jour, il le trouva si absorbé par une vision lointaine qu'il n'osa pas l'en éveiller avant d'avoir attiré son attention en faisant craquer les aiguilles sèches des pins. Il ramassa un Eschyle, un Shakespeare, puis un papier griffonné : *A Jane, avec une guitare*, mais il ne put déchiffrer que les deux premières lignes :

Ariel to Miranda.
Take this slave
Of music...

Il appela Shelley, qui tourna la tête et dit faiblement :

— Hello ! entrez.

— Voici donc votre salle de travail ?

— Oui, et ces arbres sont mes livres. Quand on compose il ne faut pas que l'attention soit divisée. Dans une maison il n'y a pas de solitude : une porte qui se ferme, un bruit de pas, une sonnette font écho dans l'esprit, dissolvent les visions.

— Ici vous avez les bruits de la rivière, les oiseaux.

— La rivière coule comme le temps et les sons de la nature sont apaisants. Seul l'animal humain est discordant et me gêne... Oh ! qu'il est difficile de concevoir pourquoi nous sommes ici, perpétuels tourments pour nous-mêmes et pour les autres !

Trelawny l'interrompit pour lui rappeler que sa femme inquiète attendait à l'orée du bois. Il se leva d'un bond, ramassa des livres, des papiers, en bourra ses poches et son chapeau et soupira : « Pauvre Mary, elle n'a pas de chance, elle ne peut supporter la solitude ni moi la société... Une vivante attelée avec un mort. » Et il partit de son allure glissante d'esprit des bois et des forêts.

En retrouvant Mary il voulut s'excuser, mais bien qu'elle eût été vraiment inquiète, elle avait la godwinesque pudeur qui dissimule toute émotion, et plaisanta : « Quelle oie sauvage vous faites, Percy ! Si j'ai pensé à autre chose qu'à mon livre, c'est à l'opéra, à la nouvelle robe que j'attends de Florence, surtout à la couronne de lierre pour mes cheveux, et pas à vous, grand serin ! Quand j'ai quitté la maison, mes souliers de satin n'étaient pas arrivés... Voilà qui est important. »

Mais il y avait toujours quelque chose de dissonant dans la gaieté de Mary.

XVI

Samuel XIII, 23

Byron, après avoir promis à Shelley d'amener Allegra à Pise, était arrivé sans elle et Claire, qui était venue de Florence rôder autour de la ville dans l'espoir d'apercevoir sa fille, devint bien inquiète quand elle sut que celle-ci avait été laissée à ce couvent de Bagna-Cavallo dont ses amis italiens lui faisaient une peinture sinistre. La maison était construite au milieu des marais de la Romagne, dans le climat le plus malsain ; l'hygiène y était ignorée, la nourriture détestable, le chauffage inconnu. Claire ne pouvait plus voir un feu sans penser que sa pauvre chérie n'en avait pas.

La douleur maternelle amena cette petite femme orgueilleuse à un renoncement presque sublime. Elle écrivit à Byron qu'elle accepterait de ne jamais revoir Allegra de sa vie, s'il consentait à la faire élever dans une bonne école anglaise. « Je ne puis résister plus longtemps, disait-elle, à un sentiment intérieur, inexplicable, angoissant, qui me dit que je ne la verrai plus. »

Byron ne répondit pas. Quelques amis conseillèrent à Claire d'enlever sa fille, mais Shelley lui demanda d'avoir de la patience. Tout en partageant ses sentiments sur la cruauté de Byron, il désapprouvait toute folle véhémence : « Lord Byron est inflexible et vous êtes en son pouvoir. Souvenez-vous, Claire, que vous avez jadis repoussé mes conseils avec un mépris immérité et qu'aujourd'hui vous le regrettez inutilement. Ceci est le second de mes livres sibyllins. Si vous attendez le troisième, il coûtera peut-être plus cher encore. »

Il fit une démarche auprès de Byron, mais celui-ci, dès qu'il entendit le nom de Claire, eut un mouvement d'impatience : « Oh ! dit-il, les femmes ne peuvent vivre sans faire de scènes. » Shelley lui fit part de ce que Claire avait appris au sujet de l'hygiène du couvent : « Qu'en sais-je ? dit Byron. Je n'y ai jamais été. » Puis, quand les angoisses de Claire, ses appréhensions lui furent décrites, un sourire de diabolique satisfaction passa sur son visage.

— J'ai dû me contenir pour ne pas le frapper, dit Shelley, en sortant, à un vieil ami anglais. J'étais furieux et j'avais tort. Il ne peut pas plus s'empêcher d'être ce qu'il est que cette porte d'être une porte.

— Votre fatalisme est tout à fait absurde, dit le vieux gentleman. Si je fouettais cette porte, elle resterait porte, mais si lord Byron était bien fouetté, il deviendrait aussi humain qu'il est inhumain. C'est la faiblesse de ses amis qui fait de lui ce tyran insolent.

En apprenant l'insuccès de cette démarche, Claire parut si désespérée que Shelley et même Mary jugèrent impossibles de la laisser à Florence chez des étrangers. Ils avaient l'intention d'aller passer les mois d'été au bord de la mer avec les Williams ; ils l'invitèrent à venir avec eux.

Shelley se promettait un grand plaisir de cette villégiature ; Williams et lui avaient obtenu de Trelawny qu'il leur fît construire un bateau à Gênes par un de ses amis, le capitaine Roberts. D'avance ils l'avaient baptisé le *Don Juan*, en l'honneur de Byron. Celui-ci avait à son tour commandé un yacht plus grand : le *Bolivar*. Shelley et Williams se voyaient déjà maîtres de la Méditerranée. Leurs femmes étaient moins enthousiastes. Pendant que leurs maris dessinaient sur le sable des cartes marines, elles se promenaient ensemble, philosophaient et cueillaient des violettes le long des chemins.

— Je déteste ce bateau, disait Mary.

— Oh ! moi aussi, répondait Jane, mais ce que vous diriez ne servirait à rien et gâterait leur plaisir.

Pour rendre ce beau projet réel, il ne fallait que deux maisons au bord de la mer. Shelley et Williams les cherchèrent en vain. Lord Byron qui voulait un palais, dut tout de suite y renoncer, mais même des maisons de pêcheurs furent introuvables. Williams et sa femme décidèrent de faire une dernière expédition et, pour distraire Claire de ses soucis, ils lui demandèrent de les accompagner.

Ils étaient partis depuis quelques heures à peine quand lord Byron écrivit à Shelley qu'il avait reçut de mauvaises nouvelles d'Allegra. Il y avait eu une épidémie de typhus en Romagne. Les nonnes n'avaient pris aucune mesure préventive. L'enfant, déjà faible et fatiguée, avait contracté la fièvre. Elle était morte. « Je ne crois pas, ajoutait-il, avoir rien à me reprocher ; je suis certain en tout cas de mes intentions et de mes sentiments. Il y a des moments où nous pensons qu'en faisant ceci ou cela les événements auraient pu être évités, mais chaque jour, chaque heure nous montre qu'ils sont inévitables. Je suppose que le Temps fera son œuvre : la Mort a fait la sienne. »

Ils allèrent lui rendre visite. Il était plus pâle encore, mais plus calme aussi qu'à son habitude.

Deux jours plus tard, les Williams avec Claire revinrent de leur voyage. Shelley, craignant quelque acte violent de Claire si elle apprenait son malheur tandis qu'elle se trouvait près de Byron, résolut de ne rien lui dire avant le départ. Williams n'avait pas trouvé les deux maisons meublées qu'il cherchait ; sur toute la côte le seul logis libre était une grande bâtisse, la Casa Magni, non meublée et assez délabrée, avec une sorte de terrasse balayée par les flots.

Shelley, qui voulait à tout prix éloigner Claire, décida qu'il fallait louer Casa Magni. Les deux ménages habiteraient ensemble. C'était incommode ? Peu importait. Il n'y avait pas de meubles ? On en transporterait de Pise. Dans ces moments où sa volonté était employée tout entière, rien ne lui résistait. C'était un torrent. « Je vais, disait-il, jusqu'à ce que quelque chose m'arrête. Mais rien ne m'arrête. »

La douane, les bateliers soulevèrent mille difficultés. Il les surmonta toutes, par la seule force d'une idée ferme qui ne tient aucun compte du monde extérieur, et en quelques jours, les deux familles furent transportées au bord de la mer.

*

* *

Casa Magni était une maison toute blanche, bâtie presque au milieu des flots et adossée à une forêt. Une terrasse supportée par des arches surplombait l'admirable golfe de La Spezia. Le rez-de-chaussée était inhabitable, envahi par la mer dès que celle-ci devenait un peu forte. On ne pouvait y placer que des engins de pêche, des rames. Au premier, une grande salle à manger s'ouvrait d'un côté sur la chambre des Williams, de l'autre sur deux petites chambres qui furent l'une celle de Shelley, l'autre celle de Mary et de Claire.

C'était insuffisant et le premier soir ils échangèrent des impressions assez tristes. Les vagues gémissaient contre les roches avec un bruit lugubre. Les Williams et les Shelley pensaient au malheur de Claire. Elle qui ne se doutait de rien, attribuait leur mauvaise humeur à la gêne qu'imposait sa présence dans une maison déjà trop petite. Elle le dit et offrit de retourner à Florence. Les deux ménages se récrièrent; Jane murmura quelque chose à Mary; elles se levèrent et allèrent vers la chambre de Williams; bientôt Shelley les y rejoignit. Claire s'approcha; elle les vit dans un coin en conversation animée qui s'arrêta dès qu'on l'aperçut. Alors sans qu'un seul mot eût été prononcé, elle dit : « Allegra est morte ? »

Le lendemain, elle écrivit à Byron une lettre terrible que celui-ci renvoya à Shelley en se plaignant de la dureté de Claire et en le priant de dire à celle-ci qu'il était prêt à lui laisser régler les funérailles et la sépulture de leur enfant. Elle répondit avec une sombre ironie qu'elle s'en rapportait désormais à lui : elle ne demandait plus qu'une boucle et qu'un portrait. Byron, devenu d'une étonnante soumission, lui fit parvenir assez vite une jolie miniature et quelques mèches blondes. Elle dit adieu à ses amis de Casa Magni et retourna à Florence pour vivre au milieu d'étrangers qui, ne connaissant rien de sa douleur, la réveilleraient moins souvent.

Le noble lord décida de faire enterrer sa fille en Angleterre, dans l'église de Harrow, et de placer sur le mur au-dessus de sa tombe une tablette de marbre avec ces mots :

A LA MEMOIRE D'ALLEGRA
FILLE DE GEORGE GORDON LORD BYRON
MORTE A BAGNA-CAVALLO, LE 20 AVRIL 1822
AGEE DE CINQ ANS ET SIX MOIS.

J'irai à elle, mais elle ne
reviendra plus à moi.
II SAMUEL, XIII, 23.

Mais le vicaire de Harrow et plusieurs membres du conseil de fabrique trouvèrent immoral de recevoir dans leur église une enfant naturelle, surtout si une inscription révélait le nom de son père. La fille de Claire fut donc enterrée hors de l'église, et sans inscription, comme il convenait.

Lord Byron, qui n'avait jamais été au couvent de Bagna-Cavallo quand Allegra s'y trouvait, alla visiter, quelque temps après la mort de l'enfant, ces lieux auxquels des sentiments assez vifs, dont ils avaient été l'occasion, donnaient désormais pour lui couleur sentimentale et romantique. Il y trouva le prétexte d'une belle méditation sur la mort et sur lui-même. « J'irai à elle, mais elle ne reviendra pas à moi. » Le second Samuel avait raison.

XVII

Le refuge

Casa Magni enchantait Shelley. Il en aimait la sauvage solitude, la forêt derrière la maison, la baie rocheuse et boisée, les pauvres villages de pêcheurs.

Mary s'y sentait perdue et malheureuse. Enceinte une fois de plus, écœurée, inquiète, elle aurait voulu vivre dans une ville, près d'un médecin. Les rudes habitants de la côte, leur patois incompréhensible lui déplaisaient autant que l'avait charmée la grâce toscane. La présence de Jane Williams, qu'elle avait trouvée si délicieuse à Pise, commençait à lui devenir pénible. Le ménage commun met les femmes à dure épreuve. Il y avait des plates querelles à propos de domestiques, de casseroles. Shelley parlait trop de la perfection de Jane et écrivait pour elle trop de divines sérénades.

A toutes les plaintes de sa femme, il répondait avec une constante bonne humeur. Doucement, tendrement il la caressait et la consolait : « Pauvre Mary, disait-il, c'est le supplice de Tantale qu'une femme douée de telles qualités, d'une âme si pure, soit incapable d'inspirer une parfaite sympathie. »

Il savait qu'il ne la changerait pas, que son état physique expliquait beaucoup de ses faiblesses et il la supportait avec une patiente affection. Ce qu'elle lui reprochait surtout, c'était sa complète indifférence à ce que tous les autres hommes jugent désirable et digne d'effort. Elle l'admirait autant que le premier jour; en lui seul, elle sentait une force sur laquelle elle pouvait s'appuyer. Mais quelque chose d'indéfinissable faisait que cette force ne s'exerçait jamais au profit de Shelley lui-même. Il semblait que l'idée de son propre intérêt lui fût tout à fait étrangère. Sa personne n'était pas à ses yeux comme elle l'est pour tous les hommes, limitée par un trait précis, mais elle s'étendait par une sorte de frange lumineuse jusqu'à celle de ses amis, jusqu'à celle des inconnus même. Quant aux soucis et aux usages des sociétés humaines, il continuait à les ignorer.

Chaque mois il allait à Livourne chercher ses rentes. Il rapportait un sac plein d'écus qu'il vidait sur le plancher d'un coup. Puis avec la pelle à charbon, adroitement, il rassemblait les *scudi*, en faisant une sorte de gâteau qu'il aplatissait de sa semelle. Avec la pelle il le coupait en deux. Une moitié était pour Mary; loyer et ménage. L'autre moitié était une fois encore divisée en deux : un quart allait à Mary pour ses dépenses personnelles, le dernier était pour Shelley. Mais Mary savait ce que voulait dire « pour Shelley », c'était pour Godwin (malgré tous les serments), pour Claire, pour les Hunt.

Un jour, Mary avait invité à venir déjeuner à Casa Magni on ne sait quels notables anglais curieux de voir le poète. A l'heure du dîner Shelley n'était pas rentré et on se mit à table sans lui. Soudain une des dames poussa un cri : *Oh! my goodness!* et Mary en se retournant, vit Shelley complètement nu qui traversait la salle à manger en cherchant à se dissimuler derrière la servante.

— Percy, dit-elle, comment osez-vous ?

Elle fut imprudente car Shelley, se sentant injustement accusé, abandonna son refuge et vint près de la table pour se disculper. Les dames se cachèrent le visage dans leurs mains. Il était pourtant charmant, les cheveux pleins de varech, son corps fragile et humide parfumé par le sel marin. Mais Mary avait horreur de tels incidents.

*
* *

Shelley et Williams attendaient avec une impatience d'enfants leur bateau, et toute voile étrangère qui, venant de Livourne, doublait le petit promontoire de Lerici, les attirait aussitôt sur la plage.

Après la mort d'Allegra, Shelley avait écrit au capitaine Roberts de débaptiser le *Don Juan* et de le nommer l'*Ariel*. Tout ce qui rappelait Byron lui était devenu odieux. Sa surprise et sa colère furent grandes quand le petit yacht arriva portant sur sa voile, en lettres énormes : *Don Juan*. C'était l'œuvre de Byron qui, informé du changement et fort irrité, avait donné l'ordre à Roberts d'imposer, malgré tout, le sceau diabolique à la barque platonicienne. Avec eau tiède, savon, brosse, Shelley et Williams se mirent au travail pour laver l'infamie de leur pauvre bateau. Ils ne réussirent pas. Même la térébenthine fut essayée sans succès. Les spécialistes consultés dirent qu'il faudrait couper et recoudre la voile. Shelley ne céda pas et ce fut fait.

Le capitaine génois qui avait amené le bateau le trouvait bon, rapide, mais assez difficile à manœuvrer par mauvais temps. Williams et Shelley, enthousiastes incompétents, avaient imposé le modèle d'un yacht royal dont la ligne élégante les enchantait : il avait fallu deux tonnes de plomb pour l'équilibrer, et même ainsi il demeurait capricieux.

Les deux propriétaires de l'*Ariel* voulurent le monter seuls avec un mousse. Williams avait été trois ans dans la marine et prétendait s'y connaître. Shelley était maladroit comme une femme, mais plein de bonne volonté. Il s'empêtrait dans les cordages, lisait Sophocle en tenant la barre et manquait plusieurs fois par voyage de tomber par-dessus bord. Jamais il n'avait été aussi heureux. Quand Trelawny l'eut vu à l'œuvre, il prit Williams par le bras et lui conseilla de chercher un bon marin, connaissant bien cette baie. Williams fut très froissé. Il était capitaine et il avait Shelley.

— Shelley ! Vous n'en ferez rien de bon tant que vous n'aurez pas coupé ses cheveux, jeté les Tragiques grecs à la mer et plongé ses bras jusqu'au coude dans un baquet de goudron.

L'*Ariel* avait trop de tirant d'eau pour aborder sur la plage de Casa Magni. Williams, avec l'aide d'un charpentier, construisit un minuscule canot de toile goudronnée sur armature de bois qui permit d'aller du bateau au rivage. C'était une barque si fragile qu'elle chavirait au moindre mouvement. Elle devint le jouet favori de Shelley. Il adorait se laisser balancer par les vagues dans cette coquille légère.

Un soir, voyant sur la plage Jane avec ses deux enfants, il l'invita à monter dans sa nacelle : « Avec un peu de précaution, il y aura de la place pour tout le monde. » Elle se blottit au fond de la barque dont le bord descendit jusqu'à n'être plus qu'à une main de la surface ; le moindre souffle du vent, le plus petit mouvement des enfants pouvait la faire chavirer.

Elle pensait que Shelley voulait seulement flotter sur les basses eaux du rivage, mais lui, fier de montrer à cette charmante femme ses talents de rameur, appuya sur ses avirons et fut bientôt dans les eaux bleues et profondes de la baie ; là il s'arrêta et tomba dans une profonde rêverie. Jane fut saisie de la plus affreuse terreur ; elle essaya de poser doucement quelques questions. Il ne répondit pas. Soudain il leva la tête, parut illuminé par une pensée soudaine et dit joyeusement : « Allons résoudre ensemble le grand mystère. »

Si Jane avait poussé un cri, ses enfants étaient perdus. Shelley eût fait un mouvement brusque, la barque aurait penché légèrement et les eaux les auraient enveloppés. Gaiement, légèrement, elle répondit :

— Non, merci, pas maintenant ; je voudrais dîner d'abord et les enfants aussi... D'ailleurs, voici Edward qui rentre avec Trelawny, ils seront surpris de nous trouver sortis et Edward dira que ce bateau n'est pas sûr.

— Pas sûr ? dit Shelley vexé. J'irais à Livourne dedans ; j'irais n'importe où.

Jane sentit que l'ange de la mort repliait ses ailes.

— Vous n'avez pas encore écrit les paroles de l'air indien ? dit-elle négligemment.

— Si, mais il faut que vous me le jouiez encore...

Tout en parlant il ramenait le bateau vers les eaux basses. Aussitôt que Jane vit qu'elle avait pied, elle sauta dans l'eau avec ses enfants si rapidement que Shelley se trouva enfermé sur le sable et sous le canot comme un crabe dans sa carapace.

— Jane, êtes-vous folle ? dit son mari en repêchant

Shelley. Nous vous aurions ramenés à terre si vous aviez attendu un moment.

— Non, merci, je l'ai échappé belle... L'horrible cercueil. Je n'y mettrai plus les pieds. Résoudre le grand mystère ! le plus grand de tous, c'est lui... Qui peut prévoir ce qu'il va faire ?... Je voudrais être partie d'ici ; je vis dans la terreur.

Mais le visage enfantin paraissait radieux et innocent. Il semblait que, par ce bel été, rien ne pût gâter sa joie. Il aimait, le soir, naviguer avec ses amis dans l'*Ariel* au clair de lune. Mary, assise à ses pieds, la tête sur ses genoux, se souvenait que c'était ainsi, dix ans auparavant, qu'elle avait traversé avec lui la Manche démontée. Que d'événements pendant ces dix années ! Combien la vie s'était révélée plus subtile, plus traîtresse qu'ils ne l'avaient tous deux imaginée !

Assise à l'arrière, Jane chantait une sérénade indienne en s'accompagnant sur sa guitare. Shelley regardait dans le ciel paisible de juin la frange brillante des nuages sous la douce clarté lunaire. Il ne pensait pas. Il sentait son esprit se dissoudre dans les rayons de lumière pure et froide, dans les parfums tièdes de la nuit. Sa personne charnelle s'abolissait dans une extase délicieuse. Il n'était plus qu'une ardente vapeur flottant dans l'espace avec allégresse. Les parfums du soir, les rayons de lune, la voix de Jane s'unissaient en une mystérieuse harmonie pour soutenir de leurs accords une divine musique intérieure. Quittant la terre pour un monde de formes plus fluides et plus pures, il avait rejoint ces beaux fantômes, ces cristallins palais, ces transparentes vapeurs qui avaient longtemps été pour lui la seule réalité. Il savait désormais qu'il existe un autre univers, rude et inflexible, mais dans ces hautes régions qu'animaient seuls la douceur ondoyante et liquide du chant et l'invisible mouvement des sphères lumineuses, jalousies de femmes, soucis d'argent, querelles politiques lui paraissaient choses si petites qu'elles ne pouvaient diminuer son incroyable bonheur. Il aurait voulu s'évanouir de plaisir et dire comme Faust au moment présent : « Oh ! reste, tu es si beau ! »

XVIII

Ariel délivré

Depuis longtemps Shelley désirait faire venir en Italie ses amis Hunt, auxquels leurs créanciers et leurs ennemis politiques rendaient, en Angleterre, la vie assez dure. Il était prêt à payer leur voyage, mais ses ressources ne lui permettaient pas d'entretenir un ménage et sept enfants. A force d'en parler à Byron, il obtint de celui-ci la promesse de fonder avec Hunt un journal libéral qui serait édité en Italie et publierait le premier toutes les œuvres de Byron. Ce seul privilège suffisait à assurer le succès du journal et la fortune de Hunt. C'était une offre très généreuse de la part de Byron qui n'avait rien à gagner à cette association, bien au contraire. Mais il alla plus loin ; il consentit à céder aux Hunt le rez-de-chaussée de son palais de Pise que Shelley, de son côté, s'engagea à meubler pour eux. Tout était ainsi arrangé et la tribu des Hunt se mit en route.

Non sans peine, vers la fin de juin 1822, ils arrivèrent à Livourne. Dans le port, Trelawny les attendait sur le *Bolivar*. Shelley et Williams étaient venus sur l'*Ariel* qui fit une entrée de grand style. Après de chaleureuses démonstrations de joie, la tribu, pilotée par Shelley, fut dirigée sur Pise, tandis que Williams attendait à Livourne le retour de son ami pour rentrer en bateau avec lui.

Malheureusement le premier contact des Hunt avec Byron fut désagréable. Bien qu'il jugeât ses idées politiques exagérées, il avait une certaine affection protectrice pour Hunt, honnête écrivain, bon père de famille, bon mari, bon homme. Mais il n'avait jamais pu souffrir sa femme Marianne qu'il jugeait vulgaire. C'était une de ces égalitaires qui passent leur vie à penser aux inégalités. Pour bien montrer qu'elle ne respectait pas en Byron le grand seigneur, elle le traita avec une insolence que l'homme le plus humble n'eût pas tolérée. Avec l'aimable Guiccioli, elle prit les allures de matrone britannique. Byron demeura poli, mais glacial.

Au bout de vingt-quatre heures il était excédé. Les sept enfants couraient dans la maison, abîmaient tout, « Kraal de Hottentots, plus sales et plus malfaisants que des Yahoos. » Lord Byron regardait avec dégoût cette vermine humaine et, mettant en faction sur l'escalier son énorme bouledogue, lui disait : « Ne laissez aucun petit *cockney* venir de notre côté. » Déjà il était las du journal.

Shelley, qui devait repartir le jour même, ne voulut pas abandonner Hunt avant d'avoir arrangé ses affaires. Il adoucit Byron, prêcha Marianne, consola son ami et retarda son départ de jour en jour jusqu'à ce que tout fût réglé. Sa ténacité triomphait toujours de la hautaine langueur de Byron. Il obtint que le premier numéro du journal publierait la *Vision du Jugement*[1], ce qui le

1. Poème de lord Byron.

lancerait sûrement. Williams, qui attendait à Livourne, devenait impatient et nerveux. Il n'avait jamais été séparé de sa femme pendant un temps aussi long et se plaignait. Shelley lui envoyait billet sur billet pour expliquer son retard.

Ce début de juillet avait été d'une chaleur suffocante, « le soleil d'Italie au rire impitoyable ». Les paysans avaient dû cesser de travailler dans les champs au milieu du jour. L'eau manquait et partout des processions de prêtres, portant les images saintes, imploraient le ciel d'un peu de pluie.

Le matin du 8, Shelley arriva avec Trelawny, alla à la banque, fit de nombreux achats dans les magasins pour l'approvisionnement de Casa Magni, puis les trois amis se dirigèrent ensemble vers le port. Trelawny, avec son *Bolivar*, voulait accompagner l'*Ariel*. Le ciel se couvrait peu à peu et une brise légère soufflait dans la direction de Lerici. Le capitaine Roberts dit qu'il y aurait bientôt un orage. Williams, qui avait hâte de partir, affirma qu'en sept heures ils seraient arrivés.

A midi, Shelley, Williams et leur mousse étaient à bord de l'*Ariel* ; Trelawny, à bord du *Bolivar*, faisait ses préparatifs. Le bateau du garde-port les accosta pour vérifier leurs papiers : « *Barchetta Don Juan* ? Capitaine Percy Shelley ? Cela va bien. » Trelawny, qui n'avait pas son certificat sanitaire, essaya de passer outre : l'officier le menaça de quinze jours de quarantaine. Il offrit d'aller se mettre rapidement en règle, mais Williams ne tenait plus en place. D'ailleurs ils n'avaient pas de temps à perdre il était deux heures ; il y avait peu de vent et ils arriveraient à grand-peine à la nuit tombante.

L'*Ariel* sortit presque en même temps que deux felouques italiennes. Trelawny mécontent se mit à l'ancre, fit amener ses voiles et avec une longue-vue suivit des yeux le bateau de ses amis. Son pilote génois lui dit :

— Ils auraient dû partir ce matin, à trois ou quatre heures... ils se tiennent trop à la côte ; le courant les y fixera.

— Ils auront bientôt le vent de terre, dit Trelawny.

— Ils en auront peut-être beaucoup trop, dit le Génois ; cette voilure sur un bateau sans pont, et sans un marin à bord, c'est une folie !... Regardez ces lignes noires là-bas, et les chiffons sales qui passent au-dessus, et cette fumée sur l'eau. Le Diable prépare un de ses tours.

Du bout de la jetée le capitaine Roberts, lui aussi, observait l'*Ariel* ; quand il le perdit de vue, il monta sur le phare et vit l'orage s'avancer vers le petit bateau qui bientôt amena une partie de sa voilure ; puis les nuages le cachèrent complètement.

Dans le port l'air était devenu brûlant et irrespirable ; une sorte de calme pesant paraissait solidifier l'atmosphère. Trelawny accablé descendit dans sa cabine et, malgré lui, s'endormit. Au bout d'un instant, il fut réveillé par un bruit de chaînes ; les matelots mouillaient une nouvelle ancre. Dans tout le port c'était l'agitation qui précède la tempête ; on amenait des voiles et des mâts, on arrimait des câbles, des ancres grinçaient. Il faisait très noir. La mer était unie et sombre comme un bloc de plomb ; des bouffées de vent la parcouraient sans la rider et de larges gouttes de pluie rebondissaient sur sa surface. Des barques de pêche passèrent à toute vitesse, dans un grand désordre ; on entendait des coups de sifflet, des ordres, des cris. Soudain un coup de tonnerre formidable couvrit tous les bruits humains.

Quand quelques heures plus tard le ciel se fut éclairci, Trelawny et Roberts explorèrent longuement tout le golfe de leurs longues-vues ; il n'y avait plus sur la mer un seul bateau.

*

* *

De l'autre côté du golfe, les deux femmes attendaient des nouvelles. Mary était inquiète et mélancolique ; cet été si chaud l'effrayait. C'était par un tel temps que son petit William était mort et elle regardait son bébé avec inquiétude. Il allait bien et buvait joyeusement mais elle, sur cette terrasse, devant le plus beau paysage du monde, ne pouvait s'empêcher de se sentir accablée de tristesse. Sans raison, ses yeux se remplissaient de larmes : « Enfin, pensait-elle, quand lui, quand mon Shelley reviendra, je serai heureuse, il me consolera ; si son boy est malade, il le guérira et m'encouragera. »

Le lundi, Jane eut une lettre de son mari, datée du samedi : il disait Shelley toujours retenu à Pise : « S'il n'est pas ici lundi, je viendrai seul dans une felouque ; attendez-moi lundi au plus tard. » Le jour où cette lettre arriva était celui de l'orage. Mary et Jane, voyant la mer démontée, ne pensèrent pas une minute que l'*Ariel*, si fragile, eût pris la mer. Le mardi, il plut toute la journée, une pluie douce, monotone, sur une mer très calme. Le mercredi le vent souffla de Livourne et plusieurs felouques arrivèrent. Le patron de l'une d'elles dit que l'*Ariel* était parti le lundi, mais Mary et Jane ne le crurent pas. Jeudi, le vent fut de nouveau bon, les deux femmes ne quittèrent pas la terrasse ; à chaque minute, elles croyaient voir les voiles du petit bateau doubler le cap. A minuit, elles étaient encore sur la terrasse et, inquiètes, se demandaient si quelque maladie ne retenait pas leurs maris à Livourne. Comme la nuit avançait, Jane devint si malheureuse qu'elle décida de fréter un bateau le lendemain matin; mais l'aube vit une mer démontée, et les bateliers refusèrent de faire le voyage. A midi des lettres arrivèrent; il y en avait une de Hunt pour Shelley. Mary l'ouvrit en frissonnant. Elle disait : « Ecrivez-nous comment vous êtes rentré, car il a fait mauvais temps lundi après votre départ et nous sommes inquiets. »

La lettre tomba des mains de Mary qui se mit à trembler. Jane la ramassa, lut à son tour et dit :

— Alors, tout est fini.

— Non, ma chère Jane, tout n'est pas fini; mais cette attente est horrible. Venez avec moi. Allons à Livourne. Allons en poste pour faire plus vite et sachons notre sort.

La route de Lerici à Livourne passait par Pise; elles s'arrêtèrent un instant chez lord Byron pour demander s'il avait des nouvelles. Elles frappèrent à la porte; une servante italienne cria : *Chi è* car il était déjà tard, puis leur ouvrit. Byron était couché, mais la comtesse Guiccioli, souriante, descendit à leur rencontre. En voyant l'aspect terrifiant du visage de Mary, blanche comme un marbre, elle s'arrêta étonnée.

— *Where is he ? Sapete alcune cosa di Shelley ?* dit Mary.

Byron, qui suivait sa maîtresse, ne savait rien, seulement que Shelley avait quitté Pise le dimanche et s'était embarqué le lundi, par mauvais temps.

Refusant de se reposer, les deux femmes partirent pour Livourne; elles y arrivèrent à deux heures du matin. Leur cocher les amena à une auberge où elles ne trouvèrent ni Trelawny, ni le capitaine Roberts. Elles se jetèrent habillées sur des lits et attendirent le jour. A six heures du matin, elles coururent toutes les auberges de Livourne. A celle du Globe, elles trouvèrent Roberts qui descendit avec un visage bouleversé, et elles surent par lui tout ce qui s'était passé pendant cette horrible semaine.

Cependant il restait un espoir. L'*Ariel* pouvait avoir été poussé par la tempête vers la Corse ou l'île d'Elbe. Elles envoyèrent un courrier faire le tour du golfe pour demander de village en village si l'on avait trouvé quelque épave, et à neuf heures du matin repartirent pour Casa Magni. Trelawny les accompagna. En passant à Viareggio, on leur apprit qu'on avait trouvé sur la plage un petit canot et un tonneau. Trelawny alla voir, c'était bien le canot minuscule de l'*Ariel*. Mais peut-être le canot, encombrant par mauvais temps, avait-il été jeté par-dessus bord. Quand Jane et Mary arrivèrent à Casa Magni, c'était la fête du village. Toute la nuit, le bruit des danses et des chants les tint éveillées.

*

* *

Cinq à six jours plus tard, Trelawny, qui avait promis une récompense à ceux des gardes-côte qui lui fourniraient quelque information, fut appelé à Viareggio où un corps avait été trouvé sur la plage. C'était un cadavre affreux à voir, car toutes les parties non protégées par les vêtements avaient été déchiquetées par les poissons. Mais la silhouette haute et fragile était trop familière à Trelawny pour que le doute fût possible. Dans une des poches du veston, il trouva un Sophocle; dans l'autre, un volume de Keats, placé dans la poche, encore ouvert comme si le lecteur, interrompu seulement par la tempête, avait dû précipitamment le mettre de côté. Presque en même temps le corps de Williams et celui du marin furent jetés sur la côte, non loin du même point, plus mutilés encore. Trelawny les fit enterrer dans le sable pour les préserver des vagues et galopa vers Casa Magni.

Sur le seuil de la maison, il s'arrêta. On ne voyait personne, une lampe brûlait. Peut-être les deux veuves se disaient-elles encore quelque raison d'espérer. Trelawny pensa à sa dernière visite. Alors les deux familles étaient réunies dans la véranda au-dessus d'une mer calme qui reflétait les étoiles. Williams avait crié *Buona notte!* et Trelawny, à travers la baie, avait ramé jusqu'au *Bolivar* tandis qu'au loin Jane chantait en s'accompagnant de sa guitare. Puis la voix perçante de Shelley avait fait trembler l'air tranquille. Longtemps il avait écouté avec bonheur ce bruit joyeux d'une famille heureuse.

Un cri interrompit sa rêverie. La nourrice Caterina, en traversant le hall, l'avait aperçu sur le seuil. Alors il monta et, sans se faire annoncer, entra dans la chambre où se tenaient Mary et Jane. Il ne dit pas un mot. Les grands yeux noisette de Mary Shelley le fixèrent avec une incroyable intensité. Elle poussa un cri : « Il n'y a plus d'espoir ? » Trelawny, sans répondre, sortit de la chambre et dit à la nourrice d'amener les enfants aux deux mères.

XIX

Les derniers anneaux

Mary aurait désiré que Shelley fût enterré près de son fils, dans ce cimetière de Rome qu'il avait trouvé si beau, mais les règlements sanitaires ne permettaient pas de transporter un cadavre rejeté par les flots. Trelawny suggéra de brûler les deux corps sur la plage, à la manière des anciens Grecs. Quand un jour eut été fixé pour cette cérémonie, il fit prévenir Byron et Hunt et vint lui-même sur le *Bolivar*. Les autorités toscanes avaient fourni une escouade de soldats en tenue de corvée, munis de pelles et de pics.

Le corps de Williams fut exhumé le premier. Debout sur le sable brûlant, ses amis regardaient travailler les soldats et guettaient avec un mélange de tristesse, d'horreur et de curiosité, l'apparition du premier débris humain. Le coin d'un mouchoir de soie noire apparut d'abord, puis un col, puis le corps, dans un tel état de décomposition que les membres se détachèrent du tronc dès que les soldats le touchèrent. Ils faisaient ce travail avec de grandes tenailles qui ressemblaient à des instruments de torture.

Byron regarda cette masse informe de chair et d'os et

dit : « Voici donc un corps humain ? On dirait plutôt une carcasse de mouton. » Il était affreusement ému et cherchait à cacher cette émotion, qu'il jugeait plébéienne, sous des dehors détachés. Au moment où les soldats enlevèrent le crâne, il leur dit : « Un moment ! Laissez-moi voir la mâchoire », et il ajouta : « Je puis reconnaître à ses dents un homme avec qui j'ai parlé... Je regarde toujours la bouche ; elle dit ce que les yeux essaient de cacher. »

Un haut bûcher de pin avait été préparé. Trelawny en approcha une torche et la grande flamme résineuse monta dans l'air immobile. La chaleur fut si vive que les spectateurs durent s'éloigner. Les os, en brûlant, donnèrent à la flamme un éclat d'argent d'une délicieuse pureté ; quand elle fut un peu moins violente, Byron et Hunt se rapprochèrent et jetèrent sur le lit funèbre de l'encens, du sel et du vin.

— Allons, dit Byron, brusquement, essayons la force de ces eaux qui ont noyé nos amis... A quelle distance de la rive étaient-ils quand leur bateau a coulé ?

Sans doute à ce moment se mêlait à sa mélancolie la douce conviction que lord Byron, qui avait traversé l'Hellespont à la nage, ne se fût pas laissé engloutir par cette mer aux courtes vagues. Il se déshabilla, sauta dans l'eau et s'éloigna rapidement. Trelawny et Hunt le suivirent. Du large, le bûcher ne fut plus sur la plage qu'une petite tache scintillante.

*
* *

Le lendemain, ce fut le tour de Shelley qui avait été enseveli dans le sable, plus près du bourg de Viareggio, entre la mer et un bois de pins.

Le temps était admirable. Sous la lumière crue, le sable jaune vif et la mer violette formaient le plus beau des contrastes. Au-dessus des arbres, les blancs sommets des Apennins dessinaient un de ces fonds nuageux et marmoréens que Shelley avait tant admirés.

Beaucoup d'enfants du village étaient venus voir ce spectacle rare, mais un silence respectueux fut observé. Byron lui-même était pensif et abattu, « Ah ! volonté de fer, pensait-il, voilà donc ce qui reste de tant de courage... Tu as défié Jupiter, Prométhée... Et te voici... »

Les soldats creusaient sans retrouver le corps. Soudain, un son dur et creux les avertit qu'un pic avait frappé le crâne. Byron frissonna. Brusquement il pensa à Shelley dans cette tempête du lac de Genève où ils s'étaient trouvés ensemble ; ces bras croisés, héroïques et impuissants, lui parurent un symbole assez juste de cette belle vie : « Que le monde s'est trompé en le jugeant... L'homme le meilleur, le moins égoïste que j'aie connu... Et quel gentleman ! Le plus parfait peut-être qui ait jamais traversé un salon ! »

Le corps avait été recouvert de chaux qui l'avait presque entièrement calciné. De nouveau l'encens, l'huile et le sel furent répandus sur la flamme et le vin coula à flots. La chaleur faisait trembler l'air. Au bout de trois heures, le cœur qui était d'une taille extraordinaire, n'était pas encore consumé : Trelawny plongea sa main dans la fournaise et en retira cette relique. Le crâne, qui avait été fendu par le pic d'un soldat, s'ouvrit et la cervelle y bouillonna longtemps, comme dans un chaudron.

Byron ne put supporter ce spectacle. Comme la veille, il sauta nu dans l'eau et nagea jusqu'au *Bolivar*, qui était ancré dans la baie. Trelawny recueillit les cendres et les ossements blanchis dans une urne de chêne doublée de velours noir qu'il avait apportée. Les enfants du village, qui le regardaient avec curiosité, se racontaient les uns aux autres qu'en portant ces débris en Angleterre, les morts renaissent de leurs cendres.

*
* *

Peut-être faut-il dire ce que devinrent les principaux personnages de cette histoire.

Sir Timothy Shelley vécut jusqu'à l'âge de quatre-vingt-onze ans. Mary reçut de lui une petite pension, mais dut promettre de ne pas publier les poésies posthumes et la biographie de son mari tant que vivrait le vieux baronnet. A la mort de celui-ci, Percy-Florence hérita du titre et de la fortune, le fils de Harriet étant mort en bas âge.

Le malheur avait uni les deux veuves, Mary et Jane. Elles habitèrent longtemps ensemble, en Italie, puis à Londres. Les amis de leurs maris étaient si fidèles que Trelawny demanda la main de Mary, et le sceptique Hogg, un peu plus tard, celle de Jane. Mary refusa, alléguant qu'elle trouvait Mary Shelley un nom si beau qu'elle n'en pourrait jamais changer. Jane accepta, mais au moment du mariage avoua qu'elle n'avait jamais été mariée avec Williams. Elle avait un mari, quelque part, aux Indes. Cela n'était pas pour effrayer Hogg et les dispensa de toute cérémonie. Ils ne se quittèrent jamais et vécurent sous de décentes apparences. Bien que précis et travailleur, Hogg passait pour un médiocre avocat ; il manquait d'éloquence et de chaleur. Vers la fin de sa vie, c'était un vieux monsieur timide, très désenchanté, qui lisait du grec et du latin pour secouer un peu son immense ennui.

Claire resta sur le continent, fut institutrice en Russie, puis, à la mort de sir Timothy, put enfin toucher une somme assez forte que lui avait léguée Shelley et qui la tira de la misère.

Plus elles avançaient en âge, plus ces trois femmes se querellaient. Jane prétendit que, pendant les derniers mois à Pise et Casa Magni, Shelley n'avait aimé qu'elle. Ces propos furent rapportés à Mary qui, très irritée, cessa de la voir. Jane se transforma lentement en une vieille femme un peu sourde, mais aimable, dont les yeux brillaient encore quand elle parlait du poète.

Claire prépara pendant plusieurs années un livre où elle voulait montrer par l'exemple de Shelley, de Byron et par le sien, combien il est nécessaire au bonheur de n'avoir sur l'amour que des idées vulgaires. Mais elle devint un peu folle et dut prendre un long repos. Elle passa la fin de son existence à Florence ; elle s'était convertie au catholicisme et s'occupait d'œuvres pieuses.

Vers 1879, un jeune homme qui cherchait des documents sur Byron et sur Shelley vint lui demander des souvenirs. Dès qu'il prononça ces deux noms, il vit apparaître sous les rides de la vieille dame, un de ces sourires de jeune fille, timides et cependant chargés de promesses, qui l'avaient rendue si charmante à vingt ans.

— Allons, dit-elle, je suppose que vous êtes comme les autres, vous croyez que j'ai aimé Byron.

Et comme il la regardait avec surprise :

— Mon jeune ami, dit-elle, un jour viendra où vous connaîtrez mieux le cœur des femmes. J'étais éblouie par Byron, mais je n'étais pas amoureuse... J'aurais pu le devenir, mais ce ne fut pas.

Il y eut un assez long silence, puis l'enquêteur, un peu hésitant, demanda :

— N'avez-vous donc jamais aimé, madame ?

Elle rougit et, sans répondre, regarda fixement le sol.

— Shelley ? murmura-t-il d'une voix presque imperceptible.

— De tout mon cœur et de toute mon âme, dit la vieille dame avec passion, sans relever les yeux.

Puis, avec une charmante coquetterie, elle lui donna une tape sur la joue.

NOTE
POUR LE LECTEUR CURIEUX

Les meilleurs documents originaux sont les *Lettres* éditées par R. INGPEN; on trouvera aussi quelques lettres importantes dans la *Correspondance* inédite de Byron que vient d'éditer M. MURRAY.

La *Vie de Shelley* de Hogg est un livre amusant, vivant, mais incohérent jusqu'à l'insolence, celle de MEDWIN est médiocre; le livre de TRELAWNY *(Records of Shelley, Byron, and the author)* est remarquable en tous points. Le *Journal* de WILLIAMS est peu intéressant, *la Vie* de PEACOCK utile seulement pour la séparation avec Harriet.

Parmi les biographies modernes DOWDEN (2 vol.) est indispensable. Lire aussi CLUTTON-BROCK *(Shelley, the Man and the Poet)*, GRIBBLES *(The romantic life of Shelley)*, GARNETT *(Relics of Shelley)*, ROSSETTI *(Shelley's Friends in Italy)*, ANNA MC MAHAN *(With Shelley in Italy)*, GRAHAM *(Last links with Shelley, Byron and Keats)*. Sur la mort le récit le plus authentique jusqu'à ce jour est celui de M. Guidi BIAGI *(Gli ultimi giorni de P. B. Shelley)*.

En français F. RABBE a publié une *vie* et une *traduction* de Shelley (Stock éditeur); M. KOSZUL une thèse sur *la jeunesse de Shelley*.

Sur la poésie de Shelley il faut lire l'essai de F. THOMPSON et surtout l'admirable étude de M. André CHEVRILLON dans ses *Etudes anglaises*.

TABLE

DEUXIÈME PARTIE

Dans la collection Les Cahiers Rouges

Lou Andreas-Salomé	*Friedrich Nietzsche à travers ses œuvres*
Joseph Arbaud	*La Bête du Vaccarès*
Jacques Audiberti	*Les enfants naturels*
Jacques Audiberti	*L'Opéra du monde*
Marguerite Audoux	*L'atelier de Marie-Claire*
Marguerite Audoux	*Marie-Claire*
François Augiéras	*Domme ou l'essai d'occupation*
François Augiéras	*L'apprenti sorcier*
François Augiéras	*Le voyage des morts*
François Augiéras	*Un voyage au mont Athos*
Marcel Aymé	*Clérambard*
Marcel Aymé	*Vogue la galère*
Charles Baudelaire	*Lettres inédites aux siens*
Béatrix Beck	*Josée dite Nancy*
Béatrix Beck	*La décharge*
Jurek Becker	*Jakob le menteur*
Louis Begley	*Une éducation polonaise*
Julien Benda	*La tradition de l'existentialisme*
Julien Benda	*La trahison des clercs*
Yves Berger	*Le Sud*
Emmanuel Berl	*La France irréelle*
Emmanuel Berl	*Méditation sur un amour défunt*
Emmanuel Berl	*Rachel et autres grâces*
Emmanuel Berl et Jean d'Ormesson	*Tant que vous penserez à moi*
Tristan Bernard	*Mots croisés*
Patrick Besson	*Les frères de la consolation*
Princesse Bibesco	*Catherine-Paris*
Princesse Bibesco	*Le confesseur et les poètes*
Ambrose Bierce	*Histoires impossibles*
Ambrose Bierce	*Morts violentes*
Lucien Bodard	*La vallée des roses*
Alain Bosquet	*Une mère russe*
Jacques Brenner	*Les petites filles de Courbelles*
André Breton, Lise Deharme, Julien Gracq, Jean Tardieu	*Farouche à quatre feuilles*
Charles Bukowski	*Au sud de nulle part*
Charles Bukowski	*Factotum*

Charles Bukowski	*L'amour est un chien de l'enfer t.1*
Charles Bukowski	*L'amour est un chien de l'enfer t.2*
Charles Bukowski	*Le Postier*
Charles Bukowski	*Souvenirs d'un pas grand-chose*
Charles Bukowski	*Women*
Anthony Burgess	*Pianistes*
Michel Butor	*Le génie du lieu*
Erskine Caldwell	*Une lampe, le soir...*
Henri Calet	*Contre l'oubli*
Henri Calet	*Le croquant indiscret*
Truman Capote	*Prières exaucées*
Hans Carossa	*Journal de guerre*
Blaise Cendrars	*Hollywood, la Mecque du cinéma*
Blaise Cendrars	*La Vie dangereuse*
Blaise Cendrars	*Moravagine*
Blaise Cendrars	*Rhum*
André Chamson	*L'Auberge de l'abîme*
André Chamson	*Le crime des justes*
Jacques Chardonne	*Ce que je voulais vous dire aujourd'hui*
Jacques Chardonne	*Claire*
Jacques Chardonne	*Les Varais*
Jacques Chardonne	*Lettres à Roger Nimier*
Jacques Chardonne	*Propos comme ça*
Jacques Chardonne	*Vivre à Madère*
Edmonde Charles-Roux	*Stèle pour un bâtard*
Alphonse de Chateaubriant	*La Brière*
Bruce Chatwin	*En Patagonie*
Bruce Chatwin	*Le vice-roi de Ouidah*
Bruce Chatwin	*Les jumeaux de Black Hill*
Bruce Chatwin	*Utz*
Jacques Chessex	*L'ogre*
Hugo Claus	*La Chasse aux canards*
Emile Clermont	*Amour promis*
Jean Cocteau	*Journal d'un inconnu*
Jean Cocteau	*La corrida du 1er Mai*
Jean Cocteau	*La machine infernale*
Jean Cocteau	*Les Enfants terribles*
Jean Cocteau	*Lettre aux Américains*
Jean Cocteau	*Portraits-souvenir*
Jean Cocteau	*Reines de la France*
Vincenzo Consolo	*Le sourire du marin inconnu*
Jean-Louis Curtis	*La Chine m'inquiète*
Salvador Dali	*Les cocus du vieil art moderne*
Léon Daudet	*Les Morticoles*
Léon Daudet	*Souvenirs littéraires*
Degas	*Lettres*

Joseph Delteil	*Choléra*
Joseph Delteil	*Jeanne d'Arc*
Joseph Delteil	*Jésus II*
Joseph Delteil	*La Deltheillerie*
Joseph Delteil	*La Fayette*
Joseph Delteil	*Les Poilus*
Joseph Delteil	*Sur le fleuve Amour*
André Dhôtel	*L'île aux oiseaux de fer*
André Dhôtel	*Le Ciel du faubourg*
Charles Dickens	*De grandes espérances*
Maurice Donnay	*Autour du Chat Noir*
Robert Dreyfus	*Souvenirs sur Marcel Proust*
Alexandre Dumas	*Catherine Blum*
Alexandre Dumas	*Jacquot sans Oreilles*
Umberto Eco	*La guerre du faux*
Ralph Ellison	*Homme invisible, pour qui chantes-tu ?*
Oriana Fallaci	*Un homme*
Ramon Fernandez	*Molière ou l'essence du génie comique*
Dominique Fernandez	*Porporino ou les mystères de Naples*
Ferreira de Castro	*Forêt vierge*
Ferreira de Castro	*La mission*
Ferreira de Castro	*Terre froide*
Max-Pol Fouchet	*La rencontre de Santa Cruz*
Georges Fourest	*La négresse blonde*
Georges Fourest	*Le géranium ovipare*
Jean Freustié	*Proche est la mer*
Carlo Emilio Gadda	*Le château d'Udine*
Gabriel García Márquez	*Chronique d'une mort annoncée*
Gabriel García Márquez	*Des feuilles dans la bourrasque*
Gabriel García Márquez	*Des yeux de chien bleu*
Gabriel García Márquez	*La Mala Hora*
Gabriel García Márquez	*L'automne du patriarche*
Gabriel García Márquez	*Les funérailles de la Grande Mémé*
Gabriel García Márquez	*L'incroyable et triste histoire de la candide Erendira*
Gabriel García Márquez	*Pas de lettre pour le colonel*
Gabriel García Márquez	*Récit d'un naufragé*
David Garnett	*La femme changée en renard*
Gauguin	*Lettres à sa femme et à ses amis*
Maurice Genevoix	*La Boîte à pêche*
Maurice Genevoix	*Raboliot*
Natalia Ginzburg	*Les mots de la tribu*
Jean Giono	*Colline*
Jean Giono	*Jean le Bleu*
Jean Giono	*Le Serpent d'Étoiles*
Jean Giono	*Les vraies richesses*

Jean Giono	*Mort d'un personnage*
Jean Giono	*Naissance de l'Odyssée*
Jean Giono	*Que ma joie demeure*
Jean Giono	*Regain*
Jean Giono	*Un de Baumugnes*
René Girard	*Mensonge romantique et vérité romanesque*
Jean Giraudoux	*Adorable Clio*
Jean Giraudoux	*Bella*
Jean Giraudoux	*Églantine*
Jean Giraudoux	*La menteuse*
Jean Giraudoux	*Lectures pour une ombre*
Jean Giraudoux	*Siegfried et le Limousin*
Jean Giraudoux	*Supplément au voyage de Cook*
Ernst Glaeser	*Le Dernier Civil*
William Goyen	*Savannah*
Jean Guéhenno	*Changer la vie*
Yvette Guilbert	*La chanson de ma vie*
Louis Guilloux	*Angélina*
Louis Guilloux	*Dossier confidentiel*
Louis Guilloux	*Hyménée*
Louis Guilloux	*La Maison du peuple*
Jean-Noël Gurgand	*Israéliennes*
Kléber Haedens	*Adios*
Kléber Haedens	*L'été finit sous les tilleuls*
Kléber Haedens	*Magnolia-Jules/L'Ecole des parents*
Kléber Haedens	*Une histoire de la littérature française*
Daniel Halévy	*Pays parisiens*
Knut Hamsun	*Au pays des contes*
Knut Hamsun	*Vagabonds*
Joseph Heller	*Catch 22*
Louis Hémon	*Battling Malone, pugiliste*
Louis Hémon	*Monsieur Ripois et la Némésis*
Pierre Herbart	*Histoires confidentielles*
Hermann Hesse	*Siddhartha*
Panaït Istrati	*Les Chardons du Baragan*
Henry James	*Les journaux*
Pascal Jardin	*La guerre à neuf ans, suivi de Guerre après guerre*
Marcel Jouhandeau	*Élise architecte*
Marcel Jouhandeau	*Les Argonautes*
Ernst Jünger	*Le contemplateur solitaire*
Ernst Jünger	*Rivarol et autres essais*
Franz Kafka	*Journal*
Franz Kafka	*Tentation au village*
Paul Klee	*Journal*

Jean de La Varende	*Le Centaure de Dieu*
Armand Lanoux	*Maupassant, le Bel-Ami*
Jacques Laurent	*Croire à Noël*
Jacques Laurent	*Le Petit Canard*
Le Golif	*Cahiers de Le Golif, dit Borgnefesse*
Paul Léautaud	*Bestiaire*
G. Lenotre	*La Révolution par ceux qui l'ont vue*
G. Lenotre	*Napoléon - Croquis de l'épopée*
G. Lenotre	*Sous le bonnet rouge*
G. Lenotre	*Versailles au temps des rois*
Primo Levi	*La Trêve*
Suzanne Lilar	*Le couple*
Pierre Mac Orlan	*Marguerite de la nuit*
Vladimir Maïakovski	*Théâtre*
Norman Mailer	*Les armées de la nuit*
Norman Mailer	*Pourquoi sommes-nous au Vietnam ?*
Norman Mailer	*Un rêve américain*
Antonine Maillet	*Les Cordes-de-Bois*
Antonine Maillet	*Pélagie-la-Charrette*
Curzio Malaparte	*Technique du coup d'État*
Luigi Malerba	*Le serpent cannibale*
Luigi Malerba	*Saut de la mort*
Eduardo Mallea	*La barque de glace*
André Malraux	*La Tentation de l'Occident*
Clara Malraux	*Nos vingt ans*
Clara Malraux	*« Et pourtant j'étais libre... »*
Heinrich Mann	*Le sujet !*
Heinrich Mann	*Professeur Unrat (l'Ange bleu)*
Klaus Mann	*Mephisto*
Klaus Mann	*Le volcan*
Thomas Mann	*Altesse royale*
Thomas Mann	*Les maîtres*
Thomas Mann	*Mario et le magicien*
Thomas Mann	*Sang réservé*
Claude Mauriac	*André Breton*
François Mauriac	*La Pharisienne*
François Mauriac	*La robe prétexte*
François Mauriac	*Le mystère Frontenac*
François Mauriac	*Les Anges noirs*
François Mauriac	*Les chemins de la mer*
François Mauriac	*Thérèse Desqueyroux*
Jean Mauriac	*Mort du général de Gaulle*
André Maurois	*Choses nues*
André Maurois	*Le cercle de famille*
André Maurois	*Les silences du Colonel Bramble*
André Maurois	*René ou la vie de Chateaubriand*

André Maurois	*Tourguéniev*
André Maurois	*Voltaire, suivi de Aspects de la biographie*
André Maurois	*Don Juan ou la vie de Byron*
André Maurois	*Ariel ou la vie de Shelley*
Frédéric Mistral	*Mireille-Mirèio*
Thyde Monnier	*La rue courte*
Paul Morand	*Air indien*
Paul Morand	*Bouddha vivant*
Paul Morand	*Champions du monde*
Paul Morand	*L'Europe galante*
Paul Morand	*Lewis et Irène*
Paul Morand	*Magie noire*
Paul Morand	*Rien que la terre*
Alvaro Mutis	*Ilona vient avec la pluie*
Alvaro Mutis	*La dernière escale du tramp steamer*
Alvaro Mutis	*La neige de l'Amiral*
Vladimir Nabokov	*Chambre obscure*
Sten Nadolny	*La découverte de la lenteur*
Irène Némirovsky	*David Golder*
Irène Némirovsky	*L'Affaire Courilof*
Irène Némirovsky	*Le Bal*
Irène Némirovsky	*Les mouches d'automne*
Gérard de Nerval	*Poèmes d'Outre-Rhin*
Paul Nizan	*Antoine Bloyé*
François Nourissier	*Un petit bourgeois*
René de Obaldia	*Innocentines*
René de Obaldia	*Le Centenaire*
Edouard Peisson	*Hans le marin*
Edouard Peisson	*Le pilote*
Edouard Peisson	*Le sel de la mer*
Sandro Penna	*Poésies*
Sandro Penna	*Un peu de fièvre*
Joseph Peyré	*L'Escadron blanc*
Joseph Peyré	*Matterhorn*
Joseph Peyré	*Sang et Lumières*
Charles-Louis Philippe	*Bubu de Montparnasse*
André Pieyre de Mandiargues	*Deuxième Belvédère*
André Pieyre de Mandiargues	*Feu de Braise*
André Pieyre de Mandiargues	*Le Belvédère*
Raoul Ponchon	*La muse au cabaret*
Henry Poulaille	*Le Pain quotidien*
Henry Poulaille	*Pain de soldat*
John Cowper Powys	*Camp retranché*
Bernard Privat	*Au pied du mur*
Annie Proulx	*Nœuds et dénouement*

Raymond Radiguet	*Le diable au corps, suivi du Bal du comte d'Orgel*
Charles-Ferdinand Ramuz	*Aline*
Charles-Ferdinand Ramuz	*Derborence*
Charles-Ferdinand Ramuz	*Jean-Luc persécuté*
Charles-Ferdinand Ramuz	*Joie dans le ciel*
Charles-Ferdinand Ramuz	*La grande peur dans la montagne*
Charles-Ferdinand Ramuz	*Le garçon savoyard*
Paul Reboux et Charles Muller	*A la manière de...*
Jean François Revel	*Sur Proust*
André de Richaud	*Étrange Visiteur*
André de Richaud	*La Barette rouge*
André de Richaud	*La douleur*
André de Richaud	*La fontaine des lunatiques*
Rainer-Maria Rilke	*Lettres à un jeune poète*
Christine de Rivoyre	*Boy*
Marthe Robert	*L'Ancien et le Nouveau*
Christiane Rochefort	*Archaos*
Christiane Rochefort	*Printemps au parking*
Auguste Rodin	*L'art*
Henry Roth	*L'or de la terre promise*
Jean-Marie Rouart	*Ils ont choisi la nuit*
Mark Rutherford	*L'autobiographie de Mark Rutherford*
Maurice Sachs	*Au temps du Bœuf sur le toit*
Vita Sackville-West	*Au temps du roi Edouard*
Claire Sainte-Soline	*Le dimanche des Rameaux*
Peter Schneider	*Le sauteur de mur*
Leonardo Sciascia	*Du côté des infidèles*
Leonardo Sciascia	*L'Affaire Moro*
Leonardo Sciascia	*Pirandello et la Sicile*
Jorge Semprun	*Quel beau dimanche*
Victor Serge	*Les derniers temps*
Victor Serge	*S'il est minuit dans le siècle*
Friedrich Sieburg	*Dieu est-il Français?*
Ignazio Silone	*Fontamara*
Ignazio Silone	*Le secret de Luc*
Ignazio Silone	*Une poignée de mûres*
Osvaldo Soriano	*Jamais plus de peine ni d'oubli*
Osvaldo Soriano	*Je ne vous dis pas adieu...*
Osvaldo Soriano	*Quartiers d'hiver*
Philippe Soupault	*Poèmes et poésies*
Roger Stéphane	*Portrait de l'aventurier*
Roger Stéphane	*Chaque homme est lié au monde*
André Suarès	*Vues sur l'Europe*
Pierre Teilhard de Chardin	*Écrits du temps de la guerre (1916-1919)*

Pierre Teilhard de Chardin	*Genèse d'une pensée*
Pierre Teilhard de Chardin	*Lettres de voyage*
Paul Theroux	*La Chine à petite vapeur*
Paul Theroux	*Voyage excentrique et ferroviaire autour du Royaume-Uni*
Roger Vailland	*Bon pied bon œil*
Roger Vailland	*Éloge du cardinal de Bernis*
Roger Vailland	*Les mauvais coups*
Roger Vailland	*Un jeune homme seul*
Vincent Van Gogh	*Lettres à son frère Théo*
Vincent Van Gogh	*Lettres à Van Rappard*
Vercors	*Sylva*
Paul Verlaine	*Choix de poésies*
Frédéric Vitoux	*Bébert, le chat de Louis-Ferdinand Céline*
Ambroise Vollard	*En écoutant Cézanne, Degas, Renoir*
Kurt Vonnegut	*Galápagos*
Jakob Wassermann	*Gaspard Hauser*
Mary Webb	*Sarn*
Kenneth White	*Lettres de Gourgounel*
Kenneth White	*Terre de diamant*
Walt Whitman	*Feuilles d'herbe t.1*
Walt Whitman	*Feuilles d'herbe t.2*
Jean-Didier Wolfromm	*Diane Lanster*
Jean-Didier Wolfromm	*La leçon inaugurale*
Émile Zola	*Germinal*
Zola, Maupassant, Huysmans, Céard, Hennique, Alexis	*Les soirées de Médan*
Stefan Zweig	*Brûlant secret*
Stefan Zweig	*Érasme*
Stefan Zweig	*Fouché*
Stefan Zweig	*La Peur*
Stefan Zweig	*La Pitié dangereuse*
Stefan Zweig	*Le Chandelier enterré*
Stefan Zweig	*Magellan*
Stefan Zweig	*Marie Stuart*
Stefan Zweig	*Marie-Antoinette*
Stefan Zweig	*Souvenirs et rencontres*
Stefan Zweig	*Un caprice de Bonaparte*

Lightning Source France
1 Av. Johannes Gutenberg
78310 Maurepas, France
FRHW011650060125
41901FR00015B/301